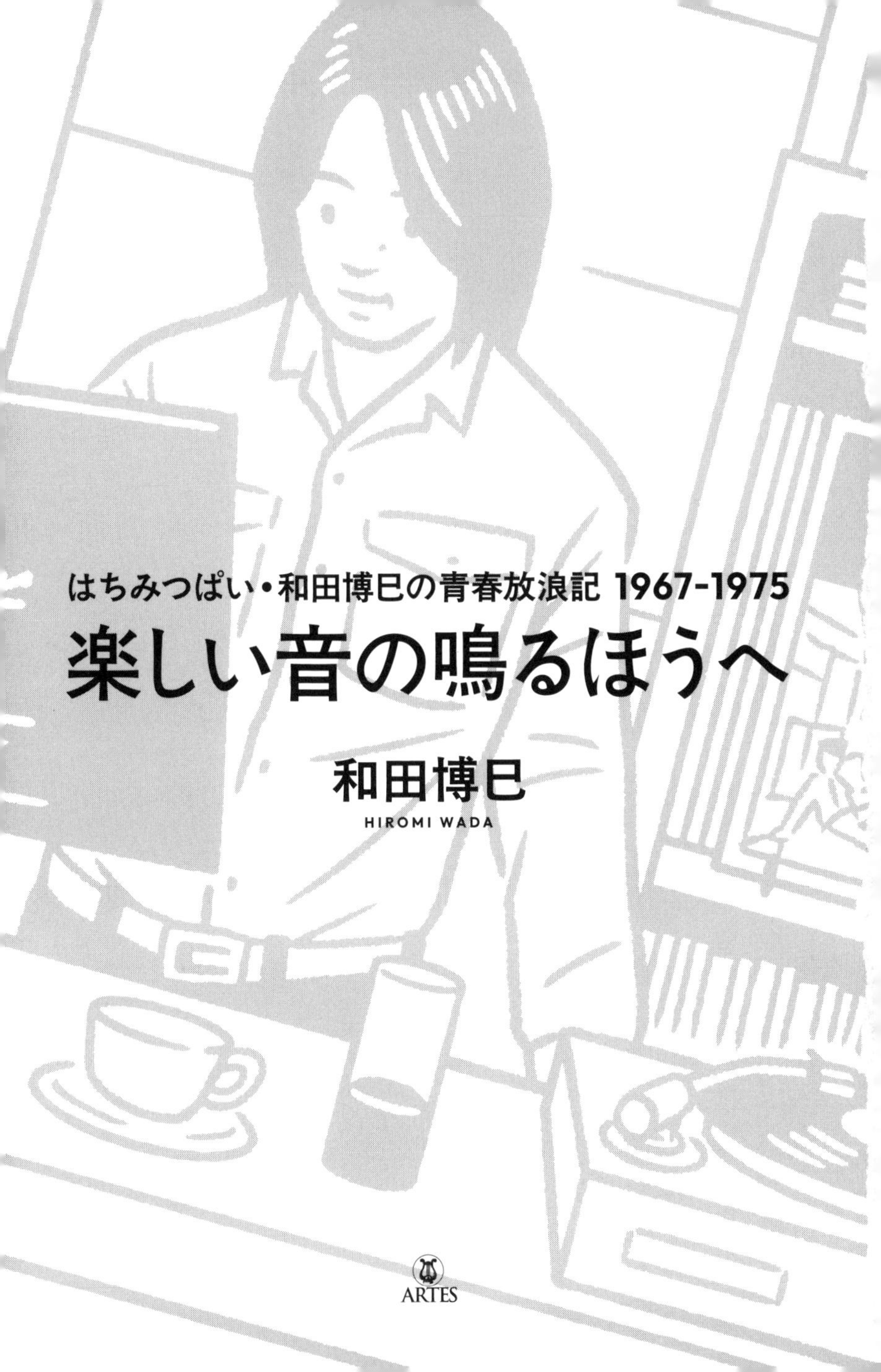

はちみつぱい・和田博巳の青春放浪記 1967-1975

楽しい音の鳴るほうへ

和田博巳

HIROMI WADA

ARTES

Coca-Cola

楽しい音の鳴るほうへ

はちみつぱい・和田博巳の青春放浪記　1967-1975

目次

イントロダクション

中津川の衝撃

1971

ビクター・スタジオで鈴木慶一と出会う

はちみつぱいの演奏を初めて聴いたのは1971年8月8日。中津川で開催された第3回全日本フォークジャンボリー、2日目のサブ・ステージだった。メンバーは鈴木慶一、渡辺勝、本多信介の3人。たしかフーちゃん（鈴木博文）もリコーダーとボンゴで参加していた。

じつは鈴木慶一とは、その年の春すでに出会っていた。僕の経営するロック喫茶ムーヴィンの常連だった音楽評論家の田川律さんに誘われて参加した岡林信康のアルバム『俺らいちぬけた』のレコーディングで、鈴木慶一と一緒にアコースティック・ギターを弾いたのだ。田川さんは69年に中村とうようとともに『ニューミュージック・マガジン』誌を創刊した人だが、まもなく中村とうようとソリが合わなくなって編集部を飛び出し、フリーの音楽評論家になっていた。

その田川さんがどうしてミュージシャンでもない僕に「和田ちゃん、岡林のレコーディングでギター弾かへん?」と声をかけてくれたのかは分からない。ギターは少しだけ弾けたがヘタクソだった。行きつけのロック喫茶の店主だから誘ってくれたのだろうか。いずれにせよそのときの僕に「断る」という選択肢はなかった。自分で曲を書いて歌っていたわけではないし、レコーディング経験があるわけでもない。でも大好きな音楽に関わる仕事がしたいという思いが日に日に高まっていたので、その願いが叶えられる千載一遇のチャンスが巡ってきたと思った。

ヤマハのフォーク・ギターFC180が入ったギター・ケースを抱えて、びっくりするほど立派な青山ビクター・スタジオの第一スタジオに行くと、「生ギターの人はブースに入って弾いてください」と言われた。ヴォーカル用のブースに入ると、なかにアコースティック・ギターを抱えた鈴木慶一がいた。慶一くんは色白で、僕に劣らず痩せっぽちだったが、細い目が人懐っこく笑っていた。慶一くんは僕よりもずっとギターがうまくて、そして音楽にも詳しかった。

このレコーディング・セッションでは、はっぴいえんどと交代する形で柳田ヒロがレコーディングのバッキングとアレンジを取り仕切っていた。キーボード奏者の柳田ヒロはこのアルバムで岡林信康のニューロック化を目指していたのだろうか。それを知ってか知らずか（おそらく知らなかったからだと思うが）、田川さんは「当然アコースティック・ギターは必要だろう」という勘違いのもとに、僕と慶一くんに声をかけたのだった。

レコーディングはリハーサルも含めて10日間ほど。譜面を前にして、僕は懸命に、慶一くんはいとも簡単にギターを弾いたが、できあがったアルバムを聴くと、柳田ヒロの志向がミックスに反映されていて、アコースティック・ギターの音はほとんど聞こえなかった。代わりにこのときはまだ高校生だった高中正義のエレクトリック・ギターとベースが全編で躍動していた。

それはともかく、このレコーディングが僕にとって音楽でギャラを得た初めての経験になった。いくらもらったかは憶えていないが、当時としてはそれほど悪くない金額だったはずだ。僕はすっかりプロのミュージシャンの仲間入りを果たした気分になった。

はちみつぱいを見るため、中津川へ

ギャラよりなにより鈴木慶一に出会えたこと。それが初めてのレコーディングで自分が得た、一番大きな収穫だった。慶一くんと10日間ほどブースの中で過ごし、いろいろな話をするうちに、グレイトフル・デッドやザ・バンド、CSN&Y、ビーチ・ボーイズなど、音楽の趣味がほとんど一致していることが分かった。

しかも慶一くんは「今、はちみつぱいというバンドをやっている」と言う。そして「今度、中津川のフォークジャンボリーに出るから見にきてよ」と。これは面白いに違いない。僕はそう確信して、店をほったらかして中津川に出かけていった。

僕が中津川フォークジャンボリーに出かけたのには、じつはもうひとつ理由があった。当時、田川さんが関わっていた劇団、黒色テント68／71が中津川から出発するバス・ツアー——と言いたいが、その実は大型トラックに乗って移動するトラック・ツアー——を敢行することになり、ムーヴィンで参加者を募ったのだ。黒テントの主宰者である佐藤信《まこと》さんと田川さんが企画したこのツアーは、かっこよく言えばビートルズの『マジカル・ミステリー・ツアー』や、1975年にボブ・ディランが行なった「ローリング・サンダー・レヴュー」にも通じる移動村的なコンセプトを持ったツアーで、村には村長や郵便局長がいて、各地で新聞を発行したり祭りを開いたりすることが構想されていた。運営費は道中でライヴをしてまかなうという目論見《もくろみ》だった。実際のところはさほどマジカルでもミステリアスでもない貧乏旅行だったが、このツアーに参加したことが、その後の僕の人生を大きく変えることになるとは夢にも思わなかった。

このツアーには〝村民〟として、黒テントの団員の他に、ムーヴィンから、73年にシンガー・ソングライターとしてショウボートからデビューすることになるダッチャ（このときはムーヴィンのウェイター）、僕といっしょに店を切り盛りしてくれていた丸山伊太朗くん（通称シャリ）、竜プラス・ワンの佐藤竜一、それに僕が参加した。

中津川から合流したのは三上寛と友部正人、村上律などで、日によってさらにディランⅡ、中川五郎、吉田日出子なども加わり、総勢で20人前後が参加した。当時大阪に住んでいた友部正人は、ツアー終了後しばらくして突然ムーヴィンに現れ、3週間ほど僕のアパートに居候していた。そのあいだ店では友部正人の弾き語りライヴが行なわれたが、そのダイナミックなパフォーマンスと、切っ先鋭い剣が胸にグサリと突き刺さるがごとき熱いメッセージに、僕をはじめムーヴィンの客はたちどころに魅了された。

のちに「少年少女漂流記」と呼ばれることになるこの黒テント・ツアーでは、各地でライヴをするというので、僕は村八分の山口冨士夫から買ったばかりの赤いギブソンES335を持っていった。このギブソン335は、ある日ムーヴィンにやって来た山口冨士夫に、「アメリカに行きたいから俺のギターを買ってくれ」と言われ、少し悩んだが人助けと思って直接買ったものだ。当時ギブソン335は新品だったら30万円以上はした。大卒の初任給が5万円前後だったから、その6ヶ月分以上だ。「それを12万でいい」と言うので買うことにしたのだ。もっとも、冨士夫ちゃんは直後に僕が払ったその12万円をどこかに落としてしまって、残念ながらニューヨーク行きは叶わぬ夢と消えた。あのとき無事ニューヨークに行くことができていたら、冨士夫ちゃんの未来は、良くも悪くもまったく違うものになっていたと思う。

　僕たちムーヴィン村の村民はトラック2台に分乗し、機材運搬用トラックも1台同行したので計3台の隊列となった。中津川から伊勢、鳥羽《とば》、さらにヤマハリゾートの運営する合歓《ねむ》の郷《さと》を廻り、1週間ほどかけて和歌山県の橋本までたどり着く予定だった。しかし、だいたいにおいてこういうものが目論見通りにいくはずはない。そもそもトラックの荷台に乗って移動することは今も昔も違法である。村民たちはテントで覆われた荷台の中で密入国者のように肩を寄せ合い、息を潜めていた。真夏だから、これはもう地獄としか言いようがない。中津川から伊勢への移動中、村民の乗った2台のトラックのうち1台が警察の検問に引っかかり、警察の目の届かないところまで、1〜2キロほどの距離をトボトボと歩かされるという情けないこともあった。加えて夜のキャンプでは蚊の大群にも泣かされた。

　そして移動先でのライヴには、まったく人が集まらなかった。今にして思えば出演者は豪華な面々が揃っていたのだが、当時はみんな無名に近い存在だったので、当日チラシを撒いてライヴの告知をしたところで誰も来やしない。最初の宿泊地だった伊勢の海岸でのライヴは、観客がわずかにひとり。完全に身内だけのどんちゃん騒ぎで終わった。橋本の河原でやったときだけは外部からの客も10人ほどいた気がするが、終わってみれば収支はもちろん大赤字。最終的には企画者の佐藤さんや田川さんが自腹でツアー全体の赤字を埋めたのだった。運営的には問題だらけのツアーだったが、参加者としては文句なしに面白く、あの時代でなければ絶対にできなかったであろう貴重な経験になった。

黒色テント68／71とはその後も縁があって、はちみつぱい解散直後の75年に、ブレヒト的音楽劇『阿部定の犬』公演（「喜劇昭和の世界」シリーズ第1作）では、晴海埠頭の寒風吹きすさぶ原っぱのど真ん中に設営された黒テントの中で、連日連夜演劇の伴奏をした。ブレヒト的音楽劇だから生演奏が望ましかったわけだが、バンドのメンバーは僕とクジラ（武川雅寛）と、あとはギターが本多信介だっただろうか。もうひとり、クラリネット奏者もいたかもしれない。テント内のステージ前にはオーケストラ・ピットと称して深さ1メートルほどの穴が掘られ、バンドはその穴に入って演奏したのだが、連日連夜ひどく寒かったことを憶えている。たぶん4月頃の公演だったと思う。新井純と斎藤晴彦の両役者の熱演というか怪演に、僕は心の底から驚いたと同時に、演劇に強い関心を抱くことになった。

さらにその翌年、黒色テント68／71は北海道から沖縄まで廻る巡業を行なった。バンドが解散して札幌に戻っていた僕は、『阿部定の犬』に続く黒テント第2作の『キネマと怪人』

を、中島公園内に設営されたテントの中で客として楽しんだ。このとき出演していた女優の石井くに子は68年のATG映画『初恋・地獄変』（羽仁進監督）という映画で主演した女優だが、彼女は阿佐ヶ谷の出身で、それが久々の再会だった。

メンバー3人がみんなリード・ギター!?

話を中津川に戻そう。そんなこんなで初めて見ることになったはちみつぱいだが、ベースもドラムもいないギター3人＋鈴木博文という編成による演奏は、灼熱の太陽の下、なかなかに優雅で浮遊感たっぷりの、たいそう魅力的な音楽だった。

この日の彼らは、あがた森魚と斉藤哲夫のバッキングを務めたあと、同じサブ・ステージで単独で演奏をした。最初はメンバー3人がアコースティック・ギターを抱えて「煙草路地」と「棕櫚《しゅろ》の木の下で」を演奏。クロスビー・スティルス&ナッシュ（CS&N）のようなフォーキーなサウンドで、慶一のリード・ヴォーカルに渡辺勝がハーモニーをつけていた。とてもいい雰囲気だったが、この2曲で終わっていたらさほど驚かなかっただろう。本当に驚いたのはその後で、3人がアコースティック・ギターをエレキギターに持ち替えて演奏した「こうもりの飛ぶ頃」だ。一聴した感じでは、3人が3人ともリード・ギターで、各々に好き勝手なフレーズを弾いているように見える。どこまでが意図的でどこからが即興なのか、判然としない。先の2曲はCS&Nっぽいと思ったが、こちらはCS&Nというよりはデヴィッド・クロスビーのソロ・アルバムかグレイトフル・デッドの演奏に近い、サイケデリックかつルーズな感じで、はちみつぱいのカラーがずっと色濃く出ていた。僕はその演奏に瞬時に魅了された。もっとも魅了されたのは僕だけだったかもしれない。なぜなら、演奏が終わったあとも客席からの拍手はほとんどなかったから。

それはともかく、喰い入るようにそのデッドっぽい演奏を聴いていると、しばらくして本多信介が弾いていたアリアの黒いレスポールがトラブって音が出なくなってしまった。客席で見ていた僕は、とっさに山口冨士夫から買った赤いギブソン335をステージ下まで持っていって信介に差し出し、信介は無事に演奏を続けることができた。

その後このギブソンES335は信介の手に渡って、はちみつぱいのほぼすべてのレコーディングとライヴで使われた。この335は6万円か7万円という破格の値段で僕が信介に譲ったものだが、いまだに4万円しかもらっていない。信介、早く残りを払ってくれ。

このときの中津川ではちみつぱいと並んで僕が衝撃を受けたのが、はっぴいえんどの演奏だった。それまでにも2度ほどライヴを見たことはあったし、もちろん〝ゆでめん〟と呼ばれるファースト・アルバムも好きだったが、一方でサウンドが少々すっきりさっぱりとしすぎていると感じるところもあった。その印象がこの日の演奏で完全に払拭《ふっしょく》されて、僕ははっぴいえんどの大ファンになった。

3人＋1人のはちみつぱいが出演した前夜の8月7日、黒テントの中で200人ぐらいの観客を前にして、はっぴいえんどは「朝」「十二月の雨の日」「春よ来い」「かくれんぼ」などを演奏した。それまでライヴではよく聴き取れなかった大瀧詠一のヴォーカルが、この日はテントの中だったこともあってとてもよく聞こえた。細野さんのベースはブリブリで、鈴木茂のギターはカミソリのような切れ味だった。松本隆はドテラを着て、激しくドラムを叩いていた。

驚いたのは〝ゆでめん〟に入っていない「抱きしめたい」「はいからはくち」といった新曲の素晴らしさだ。日本語の歌詞がバンド・サウンドに見事に融合していて、「これからはロックも日本語だ！」と確信した。中津川に出演後、はっぴいえんどの4人はセカンド・アルバム『風街ろまん』をレコーディングするため、合歓の郷での合宿練習に臨んだという。もしかしたら「少年少女漂流記」が行程に合歓の郷を入れていたのは、彼らの合宿を見学するのが目的だったかもしれないが、現地で4人に会うことはなかった。

その前年、はっぴいえんどを従えて中津川のステージに上がった岡林信康は、この年は

『俺らいちぬけた』の柳田ヒロ・グループとともに7日のサブ・ステージと8日のメイン・ステージに立った。1971年の全日本フォークジャンボリーといえば、吉田拓郎が「人間なんて」を何時間も延々と歌い続けたエピソードが有名だ。僕は拓郎が歌うところをすぐ近くで見ていたが、なんともアホらしいと思った。「人間なんて」は歌とは言えないし、メッセージでもなかった。僕にとってのこの年のフォークジャンボリーは、はちみつぱいとはっぴいえんど、この2つのバンドの演奏を聴けたことに尽きる。

中津川での演奏に衝撃を受けた僕は、なんとしてもはちみつぱいに入りたいと思うようになった。東京に戻ってからムーヴィンにやってきた鈴木慶一に「僕もはちみつぱいに入れてよ」と言ったら、慶一くんの答えは「ギターはもういらないな」だった。そりゃあそうだ、ギターは3人もいるんだから。「あとはベースとドラムが欲しい」というのは当然である。ベースなんてほとんど弾いたことがなかったが、ドラムよりは簡単そうだ。僕ははちみつぱいに入りたい一心で、渋谷ヤマハに行って中古のフェンダー・プレシジョン・ベースを買った。

第1章

寒村の記憶、音楽の原体験

1948-1967

茨城で生まれ、山形、北海道と転居

僕は1948年に茨城県日立市に生まれ、5歳のときに父の転勤で山形県の宮内町からさらに4キロほど山奥に入った吉野村に引っ越した。父は日本鉱業（のちのジャパンエナジー）日立銅山の建設課で設計をしていたが、ある日突然転勤を命じられたのだった。山形市内からクルマで1時間ほど走った山中にある、日本鉱業の子会社である吉野鉱業の社屋と石膏精錬所、そして社宅の建設が父の仕事だった。鉱山のある山麓一帯は月ノ輪グマが闊歩《かっぽ》するなかなかにワイルドなところだったが、その吉野鉱山の操業が軌道に乗ると、父は次に北海道への転勤を命ぜられた。僕が8歳の夏だった。

転勤先は積丹《しゃこたん》半島の東側の付け根にある余市《よいち》町からさらに蒸気機関車に揺られて西へ2駅、然別《しかりべつ》という人口数百人の寒村だった。戦前の余市町はニシン漁で大いに栄えたが、戦後は漁業に加えてリンゴやブドウをはじめとする果樹栽培とニッカウヰスキーで有名になった風光明媚な土地だ。しかし然別は山と川とわずかの田畑以外になにもないひっそりとした村だった。どのくらいひっそりしていたかというと、住所を「北海道余市郡大江村字ポン然別」というのだ。大江村まではいいとして「ポン然別」ってなんだ？

然別というのは「シ」「カリ」「ペッ」からなるアイヌ語で、「シ」は「自分」、「カリ」は「廻す」、「ペッ」は「川」。すなわち「自分を廻す川」という意味で、これに無理矢理漢字を当てたものだ。なにやら哲学的な地名だが、それにしても分からないのは頭に付いている「ポン」という語だ。これももちろんアイヌ語だろう。調べてみると、「ポン・フチ」という言葉があった。意味は「小さなおばあさん」。だからポンは「小さい」という意味になるが、ポンに漢字をうまく当てることができなくて、役所の人間は、これは「ポン」のままでいいだろう、ということにしたのではないかと思う。

そういうわけで村の名前は「小さな自分を廻す川」、つまりポン然別。余市川とその支流の然別川が流れ、鬱蒼《うっそう》たる原生林とわずかな田畑だけがある寒村、それが然別だった。

父はこの然別駅近辺の集落からさらに4～5キロほど山奥に入ったところにある「北進鉱業大江鉱山」の操業拡大に伴い、社員用住宅の大量建設を命ぜられて、山形県の山奥からはるばる飛ばされてきたのだった。

大江鉱山のある積丹半島全域を覆う広大な原生林はヒグマの天下だった。春から初夏にかけて、地元の人間は山に分け入って山菜を採るのだが、その際はヒグマに充分以上に注意しなければならない。6月になると熊笹の密生地に生えるタケノコ（根曲り竹に生える姫筍）はなかなか美味である。僕がひとりでタケノコ採りに熱中していたある日、突然ヒグマの糞に出くわした。黒っぽくてビチャビチャして、しかもまだ温かそうな糞だ。慌てふためいて家に飛んで帰り、母親に報告。すると、母は会社にいる父に電話。父はすぐに隣町の仁木町役場に連絡。やがて猟師が数人、小型トラックに乗ってやってきた。夕方になるとそのヒグマは仕留められ、我が家の前をえっちらおっちら運ばれていった。見たところ軽く200キロはあろうかという堂々たる体躯《たいく》のヒグマだった。

ヒグマがいるのだから、余市川支流の然別川には、白い斑点が美しいアメマスや、僕が思うに世界で一番美しい川魚のヤマベ（山女魚、一般にはヤマメと呼ばれる）がうじゃうじゃ泳ぎ、その周囲の木立ではエゾリスや、さらに可愛いエゾシマリスがピョンピョン跳んでいる。近くの沼にはエゾサンショウウオがゆったりと泳ぎ、アオダイショウ、シマヘビ、マムシもたくさんいて、初夏になると満点の星の下、何百ものホタルが水田の上を翔びかうという気が遠くなるほど幻想的なシーンにも出くわす。それが然別だ。当時は呆れるほど大量のホタルが舞っていたが、今もそんな風景が見られるのだろうか。

然別の大自然、建設技師の父の独立

山形市郊外の宮内小学校から北海道の僻地《へきち》の然別小学校に転校したのは僕が8歳のとき

だったが、然別小学校はとても小さな学校で、転校当時教室は3つ。体育館もなく朝礼は廊下で行なわれていた。冬になると気温が氷点下10度以下まで下がる然別小学校の朝礼は冷蔵庫、いや冷凍庫の中にいるようだった。1学年7クラスあった山形の小学校から転校して来た僕は、全校合わせてわずか3教室という極小サイズの校舎に驚いた。さらにひとつの教室に2クラスが同居していたことにまたびっくり。2学年が背中合わせでひとりの先生から授業を受けていたのだ。然別小学校はどこかの学校の分校でも分教場でもなかったので、単に生徒数が少なかっただけなのだが、日本にこんな小学校があるのかと、子供心にとても驚いたことを憶えている。

だがこの小学校は素晴らしかった。毎日が楽しかった。山形県の宮内小学校ではそれなりに勉強をしていた、というか、させられていた。でも然別小学校ではまったく勉強したという記憶がない。たとえば理科の授業では、晴れた日なら校舎裏の山に分け入って植物や昆虫を採集して標本を作る。あるいは渓流でサワガニやザリガニを捕まえるというような楽しい授業が多かった。

ずっとあとになって、発展途上国や戦前の日本の山間僻地《へきち》では、2部授業というものが行なわれていたことを知った。午前と午後で異なる児童生徒を教えるのが2部制の授業のようだ。だから、僕たちが受けた授業形態はその2部授業とは異なる、いささか特殊なものだった。

父が大江鉱山の社員住宅を大量に建て、本格的に鉱山の操業がスタートすると、鉱山労働者の大量流入で村の人口は一気に膨れ上がった。然別小学校も増築されて、晴れて1学年1教室となり、立派な体育館も併設された。

父は、僕が12歳のときに突然会社を退職して、然別の地に自分の建築会社を設立した。いちおう株式会社である。日本鉱業という大企業の建設課でバリバリ働いていた父が小さな建築会社を、それも北海道のド田舎で始めたのだから、僕は子供心に「親父、大丈夫か?」と心配した。でもこれがなぜか上手くいった。たぶん日本の高度経済成長に後押しされたのだろう、会社はそれなりに業績を上げ、最終的に札幌市郊外に小さな建築事務所を構えるまでになった。自分の親ながらたいしたものである。新しいモノ好きな父は、バイクやステレオを買うのも早かった。

プレスリーを聴き、小田実を読む

余市の仁木中学校に進学した1961年のある日、ラジオから流れてきたエルヴィス・プレスリーの「ハートブレイク・ホテル」に一瞬で心臓を鷲掴《わしづか》みにされた。ビートルズがデビューする1年前のことだ。「ハートブレイク・ホテル」の破壊力は絶大で、僕はたちどころにロカビリーとロックンロールの虜《とりこ》になった。

ちょうどその頃、同じクラスに三間保というやはりロックンロール・ファンの農家の息子がいた。すぐに仲良くなり、そいつと競ってシングル盤を買い漁るようになった。といっても小遣いが充分なわけではないので、2ヵ月に1枚シングル盤を買う程度だったが。あの頃は、蒸気機関車に揺られて小樽の「ハタケヤマ」というレコード店まで出かけていくのがなによりの楽しみだった。集めたシングル盤は、エルヴィスを筆頭にリトル・リチャード、ロイ・オービソン、ジーン・ヴィンセント、カール・パーキンス、ワンダ・ジャクソンなどなど。

同じ時期、「面白そうだから読んでみたら?」と母親にすすめられて読んだのが小田実《まこと》の『何でも見てやろう』という本だ。ダイナミックな内容だった。ものすごく面白かった。60年前に読んだ本なので、細かい内容はほとんど憶えていないが、日本を飛び出した大学生が世界20ヵ国以上を貧乏旅行しながら様々な体験をする、という話は当時の中学生には素晴らしく刺激的だった。自分にそれができるかと問われれば「そんな度胸はまったくありません」と答えるほかないが、既成概念にとらわれず自分の頭で考え行動する小田実青年は、本の中で逞しく躍動していた。小田青年はいろんな国を訪れるが、観光旅行をしているのではもちろんなくて、貧困も紛争も含めて書名の通り「何でも見て」、見たことを冷静な心で判断し記述していた。

見た現実に対して、自分で考え自分の意見を述べる、という大事なことを僕はこの本で学んだと思う。だからといって、背中を押されて「世界を見に行こう」とはならなかったが、敷かれたレールの上を進む必要はなくて、自分が一番やりたいことに向かって、がむしゃらに進んでもいいということは学ぶことができた。この本を読んだ経験はきわめて大きかった。

そういえば、僕には父と母の原初的な記憶というものがある。僕が2歳くらいで、まだ日立で暮らしていた頃だ。ある日の午後、畳の上で、両親が手巻き蓄音機でSP盤をかけて、タンゴを踊っていた。その曲は耳が憶えてしまい、アルフレット・ハウゼ楽団の演奏するコンチネンタル・タンゴ「碧空《あおぞら》」だということがあとで分かった。当時日本で大ヒットした曲で、扇情的で激しいアルゼンチン・タンゴとは違い、FM番組の『ジェットストリーム』でかかるような、もっとソフトでスイートで哀愁のある曲だった。ダンスを習ってもいない両親は、ドタドタと少し照れながら、手と手を取って楽しそうだった。僕はたぶんびっくりして、それで憶えているのだと思う。アルフレット・ハウゼ楽団のタンゴ「碧空」が僕の音楽人生にどんな影響を与えたのか、僕には皆目分からない。

ところで僕には小学校から中学校にかけて、谷内くんという頭脳明晰、成績優秀な仲良しがいた。念のため断っておくと、僕だって小さい頃はたいそう成績優秀だった。中学校の入学試験（というのがあったのだ。普通の公立校で全員が入学できたのに）では、なんと廊下にその入試の結果が1位から100位まで張り出された。そして、張り出された成績表の1番目に僕の名前があった。谷内くんに負けていなかった。

ある日、中学校に通う道すがら、谷内くんと「将来何になりたいか」という話になった。谷内くんは「そりゃあサラリーマンさ」と言ったが、僕は正直何になりたいのかはっきりしていなかった。ただ、サラリーマンだけはゴメンこうむりたいと思っていたので、「サラリーマン以外ならなんでも」と言った。当時の僕に言わせれば、サラリーマンは「なるもの」ではなく「なってしまうもの」だったのだ。毎日毎日、来る日も来る日も同じ時間に起きて同じ所に通う人生は、僕には想像できなかった。そんなことは高校までで終わりにしたかった。日立市の幼稚園に始まってこの仁木中学校まで、ずっと同じようなことを繰り返してきたわけだから。このうえ高校に3年、大学に4年通って、さらに会社に40年も通うなんてことは自分にはとうてい無理だと、この時期すでに思っていた。

ちなみに谷内くんは、函館ラ・サール高校を卒業して北海道大学に行き、卒業後は札幌の生活協同組合に入社したと聞いた。大学教授か医者にでもなるのだろうと思っていたので少し意外だったが、今は定年退職して悠々自適の年金生活なのだろうか。僕は75歳を過ぎてもまだあくせく働いている。

エレキギターを手に、ビートルズの曲を練習

僕が15歳になった1963年頃には、ロカビリーやロックンロールの世界はビートルズをはじめとする英国のビート・バンドにすっかり席巻されていた。ビートルズやローリング・ストーンズを筆頭に、キンクス、アニマルズ、ヤードバーズ、ザ・フー、スペンサー・デイヴィス・グループ、マンフレッド・マン、ゾンビーズ、ナッシュヴィル・ティーンズ、ジェリー&ザ・ペースメーカーズ、サーチャーズなどのグループに僕は魅了された。シングル盤を買う頻度もぐんと上がって、親からもらう小遣いだけじゃもうぜんぜん足りない。リンゴ園でアルバイトに精を出し、そのバイト代はすべてレコード代に消えた。

この頃になると僕はエレキギターを手に入れて、ビートルズの曲のコピーに悪戦苦闘するようになった。スリー・コードが中心のカヴァー曲はすぐに弾けるようになったが、彼らのオリジナル曲はどれも難しかった。聴いている分にはどれもいい曲で、それほど難しい感じは受けなかったが、いざ弾こうとなるとさっぱり弾けない。当時はまだバンド・ス

コアなんていう便利なものは売っていなかったので、基本は耳コピ。しかしベンチャーズの「ウォーク・ドント・ラン」とビートルズの曲とでは訳が違う。ビートルズは歌詞もなかなか素敵なことを歌っているように思えたが、じつのところ何を歌っているのかをよく味わっていたわけではなく、ほとんどチンプンカンプンだった。

衝撃的だったアニマルズの来日公演

海外から札幌にやって来たバンドのコンサートで行けるものはすべて行った。とはいえ札幌から遠く離れた余市からさらに2駅離れた然別という小さな集落から行くには困難が伴う。１９６６年の6月から7月にかけて行なわれたビートルズの日本武道館公演は、さすがに親が行くことを許してくれなかった。北海道の山奥から東京の武道館まではいささか距離がありすぎで「ひとりで行くことはまかりならん」と。

それでも札幌の中島スポーツセンターで行なわれた65年のアニマルズとベンチャーズのコンサートと、66年のスプートニクス公演には行くことができた。なかでもアニマルズの演奏にはびっくり仰天だった。「朝日の当たる家」はシングル盤でも4分30秒くらいあり、当時としては長尺の曲だったが、そのときのコンサートでは10分以上は演《や》っていた気がする。ギターやハモンド・オルガンのアドリブ・ソロが延々続いて、その間ヴォーカルのエリック・バードンはステージ袖に引っ込んだまま出てくる気配なし。際限なく繰り広げられるこのアドリブ合戦はいったい何なんだ、まるでジャズみたいだ。ベンチャーズは当時日本全土で人気絶大だったし、僕も大好きだったが、アニマルズの演奏に比べたら、おっさんが仁王立ちでエレキギターを弾いているという以上のものではないように思えた。そんなわけで、しばらくは寝ても覚めてもアニマルズ、アニマルズ、アニマルズ。彼らの演奏が頭の中をぐるぐると渦巻いていた。不良っぽい風体《ふうてい》も含めて最高にカッコよく、心にビンビン響いた。

その前年に、もうひとつ僕にとって大きな出来事があった。高校では放送部に入り、昼休みには学校中にロックやポップスを流していたのだが、ある日放送部の部長から家に遊びに来いと誘われた。行ってみると広い居間にパイオニア製の大きな3点ステレオ・セットがデンと置かれている。それは僕が生まれて初めて見る高級オーディオ・システムだった。そこで大音量で聴いたビートルズは、衝撃的という以上に破壊力抜群だった。頭がクラクラした。家庭でこんな生々しい再生が叶うなんて!

66年の秋になると、本格オーディオ専門誌の『ステレオサウンド』が創刊された。大学受験まであと数ヵ月という切羽《せっぱ》詰まった時期に目の前に現れた『ステレオサウンド』を、僕は勉強そっちのけで隅から隅まで読み耽《ふけ》った。まさか30年後に自分がオーディオ評論家になって記事を書くことになるとは思ってもみなかったが。

色覚異常ってなんだ?

子供の頃から当然のように、自分は大学に行くものだと思っていた。その思いがバッサリと断たれたのは、自分の色覚〝異常〟のせいである。高校は北海道の余市高校(現北海道余市紅志高等学校)で、進学希望者は2年生になると文系か理系のどちらかを選択することになっていた。将来は父のように建築家になるか、あるいは工業デザイナーになりたいと考えていた僕は、迷わず理系の進学コースを選んだのだが、3年生になったある日のこと、突然に「色覚異常」という判定が下ったのだ。当時は美術大学だけでなく、理系の一般大学も色覚異常者を門前払いしていた。だから当時は入学願書を出すにあたって、理系に進学を希望する者は「色覚に異常なし」という医者のお墨付きを必要とした。僕は信号の色は緑も赤もちゃんと識別できるし、前年にバイクの免許も取得していた(その後クルマの免許だって取ることができた)。絵を描かせたってその辺の奴らには負けない自信がある。色覚異常ってなんだ?

きっと何かの間違いだ。母親に伴われて北海道大学病院に行って再検査してもらったが、結果はやはり同じだった。その後90年代後半ぐらいになって、ようやく色覚に異常があってもなくても理系の大学に進学できるようになったのだが、当時はそのバカみたいな差別のせいで、色覚異常と判定された人間は理系の学部に進めなかった。

憤懣《ふんまん》やる方なかったが、しょうがない。担任と相談して、いや相談しようがしまいが、文系中心の勉強に切り替えざるをえなかった。理系のクラスの中で自分ひとりだけ、国語とか英語とか歴史を勉強するのである。しかしどんな学部を目指せばいいんだ。そもそも僕は文系には興味がない。ということで勉強には身が入らない。入るわけがない。担任にしても「じつに可哀想だが、どうしようもないなあ」と。つまり、クラスで自分だけが緩やかな放置状態にされていたわけだ。

つまるところ学校では授業を受けるというよりは、僕だけ自習をしている感じだった。みんな理系の教科を勉強している中、自分独りだけ歴史や国語や英語の教科書を開いて勉強（しているふり）をする。結局授業中は小説を読んだり、ノートにエレキギターの絵を描いたり、ビートルズの曲の歌詞を書いたり、ということになった。

受験には失敗。でも東京で暮らしたい

そんな状態だったので、自分が色覚異常だと診断されたあとの、つまり受験までの半年間に自分が行きたい大学のレベルまで成績を上げることはできなかった。真面目に勉強していなかったから当然だ。しかも一丁前に有名校ばかり受験したので、4つ受けた大学は全部落ちた。すべて東京の私立大学だったが、受験が終わっても北海道に帰ろうという気持ちにはならなかった。落ちるべくして落ちたのだから、それはまあしょうがない。ただし、北海道には帰りたくなかった。

そこで、どの予備校でもよかったが、電気街のある秋葉原と、中古レコード店が多くある神田神保町に近いという不純な理由で、水道橋にある研数学館という予備校に通うことを親に許してもらった。その代わり、親は東武東上線の志木にあった叔父の家に居候することを僕に命じた。

刻苦勉励《こっくべんれい》を誓い、志を抱いて北海道の山奥から東京に出たわけではない。親にはたいへん申し訳なかったが、目的ははっきりしていた。まずは東京に行く。とにかく東京へ行く。そうすれば、必ずや素晴らしいことが我が身に起きる。高校に入学した頃から密かに、真剣に、ずっとそう思い続けていた。

東京へ行く理由と手段はもちろん大学進学だった。あれこれ理由をつけて、札幌や小樽ではなく、東京の大学に行かせてもらう。そのためにはまず大学受験をクリアする必要があったが、その第一段階で僕はつまずいてしまった。突然身に降りかかった色覚異常による門前払いという神の裁定には、さすがにへこんだ。

とはいえ自分の人生設計を第一段階で早々と変更するわけにはいかない。大学に行って建築あるいは工業デザインの勉強をするという夢は儚《はかな》く消えたが、それはしょうがない。

予備校で1年勉強すれば、よほどのことがないかぎりどこかの大学には受かるだろう。1年の間は通うのが大学ではなく予備校になってしまったが、とにかく僕は今、東京にいる。それだけで満足だった。

第2章

東京での刺激的な日々

1967-1968 ①

本当に大学に行きたいのか？

東京に来てすぐに分かったが、東京には僕の欲しいものが何から何まですべて揃っていた。東京にないものはなかった。夢の都、花の都である。大学は落ちたが、「東京に行く」という所期の目標は達成できた。まずはよしとしよう。

こう書くと両親はガックリくると思うが、大学に受からなくてよかったとさえ思うようになっていた。まったく興味の持てない文系の学部のどこかに間違って受かってでもいようものなら、卒業後は間違いなくサラリーマン生活である。当時はいい大学を出ていい会社に就職することを、どの親も切に願っていた。しかし僕は、会社員になりたいとはどうしても思えなかった。

もちろん学ぶことの大切さは分かっている。だが大学受験に至る行程というのは、間違いなく親の経済力を頼りとするものだ。さらに社会に出たあとにやることは、ほとんどが私益の獲得競争でしかない。資本主義社会だから仕方ないが、はっきり言って美しくはない。でも親は、息子がその競争に参加できる資格を得ることができたら、つまり大学に合格したら大いに喜ぶ。卒業後、一流か一流に近いとされている企業に入ることができれば、息子の将来が希望に満ちたものになると再び喜ぶことになる。僕には、それについては釈然としない思いが中学生の頃からずっとあった。小田実の『何でも見てやろう』を読んだせいだろうか。

名画座、中古盤屋、古本屋、ジャズ喫茶を巡る日々

とにもかくにも東京の予備校に入り、志木にある叔父の家で暮らすことになった。この頃はまだ新宿を中心としたジャズ喫茶巡りは始まっていなかったが、銀座のヤマハ楽器や洋書店イエナ、そして秋葉原の電気街と神保町の中古レコード店や古書店には毎日のように通った。そんなわけで、なにかと都内に出かけるときにはもちろん、水道橋の予備校に通うときにも、東武東上線と山手線の乗換駅である池袋を通った。乗り換えずに降りると、池袋には名画座の文芸坐とジャズ喫茶のドラムがあって、この2つは掛け値なしに最高だった。というわけで映画館とジャズ喫茶にも頑張って――金がなかったので昼飯を抜いて――通っていた。大学進学ではなく東京が目的だった僕は、まさに（金はなかったが）水を得た魚だった。

池袋のドラムは、ジャズ喫茶といってもジャズを聴くための喫茶店ではなく、今で言う

ところのプロが出演するライヴハウスみたいなところだった。映画館はもうひとつ、飯田橋の佳作座にもよく行った。飯田橋は水道橋の隣駅だったので予備校から歩いても行けた。映画は小さい頃から大好きだったが、上京してからは封切り館で観た映画はほぼ皆無。2番館、3番館専門だった。もちろん料金が少し安くて2本立て、オールナイトなら3本立てだったからである。東京にいるとロードショー落ちの映画を比較的早く2番館で観ることができたし、さらに3番館（名画座）の存在は大いにありがたかった。

東京に出たての頃、予備校帰りに観ていた映画は、オードリー・ヘプバーン主演の映画やジェームズ・ボンドの『007』シリーズ、さらに『男と女』のようなヨーロッパのヒット作やエルヴィス・プレスリーの出演作など。邦画なら加山雄三、スパイダーズ、クレイジー・キャッツなどが出演する娯楽映画が多かった。

上京した1年後に季刊『フィルム（FILM）』というカッコいい映画専門誌が創刊されると、それから僕の観る映画が大きく変わった。

フランスのヌーヴェル・ヴァーグはいちおう知識としては知っていたが、『フィルム』で新たに知ったのが、イタリアのネオ・レアリズモだった。

というわけで、どこかの名画座で上映していたデ・シーカ監督の『自転車泥棒』を観た。タイトルだけは知っていたこの『自転車泥棒』、観てみると想像したほど観念的でも難しくもなく、写実的というか、淡々として地味で淋しくて、たしかに「新しいリアリズム」映画だった。でもいい映画だった。

ならば初期のフェリーニ作品なんかも観たほうがいいだろう、というわけで、『青春群像』『道』『カビリアの夜』の3本立てを、これはたしか文芸坐のオールナイトで観た。フェリーニ初期の3作品は『自転車泥棒』同様、それまで抱いていた、明るく陽気なイタリアというイメージを木っ端微塵に打ち砕くに充分の、しみじみ暗くて貧乏くさい映画で、当時暗くて地味な予備校生だった自分にはいささか気の滅入る映画だった。フランスのヌーヴェル・ヴァーグ（主にルイ・マル、ゴダール、トリュフォー）は文芸坐や佳作座で観たのだったか、小津安二郎、溝口健二などの日本映画を観たのは銀座の並木座だったろうか。

アメリカや日本の娯楽映画から一転、芸術作品と言われる映画をよく観るようになったわけは、もちろん雑誌『フィルム』に「こういった映画を観ろ！」と書かれていたからだが、加山雄三やクレージーキャッツの映画ではなくヨーロッパの芸術映画を見ている自分はじつにカッコいい、という心理ももちろんどこかで働いていた。誰に自慢するというものではなかったし、そもそも友人と呼べるような人間はまだひとりもいなかった。それはどうでもいいとして、『フィルム』であれだけ称賛されていたら、ネオ・レアリズモもヌーヴェル・ヴァーグも、小津や溝口も観ないわけにはいかなかったのだ。

もちろん真面目な映画ばかり観ていたわけではない。当時はどの床屋に行っても、『スクリーン』や『映画の友』といった映画雑誌が必ず置いてあって、『フィルム』ではまったく取り上げられない、ハリウッド映画やヨーロッパの華やかなB級青春映画が紹介されていた。そんな中から「これは面白そうだな」と見当をつけて観た映画も数多く、なかでもカトリーヌ・スパークの『愛してご免なさい』、『太陽の下の18才』や『恋のなぎさ』には、あちらの18歳とこちらの18歳（僕のことだ）の精神年齢の、そのあまりに大きな落差に愕然《がくぜん》とさせられた。あちらの18歳は立派に成熟した大人だった。

ほかにもミレーユ・ダルク『恋するガリア』や、ジェーン・バーキン『カトマンズの恋人』といった映画――箸にも棒にもかからないものばかりだったが――でも銀幕の中の美女たちは、ポンポンと気前よく脱いで僕を大いに喜ばせてくれた。監督が『ビートルズがやって来るヤア！ヤア！ヤア！』『ヘルプ！』という2本のビートルズ映画を撮ったリチャード・レスターということで気合を入れて観に行った『ナック』という映画では、ジェーン・バーキン、シャーロット・ランプリング、ジャックリーン・ビセットの3人がスクリーンにしなやかな肢体を躍動させていて、たいそう眼福であった。

ジャズはカッコいい！

眼福といえば、ブリジッド・バルドーとジャンヌ・モローの共演なら観ないわけにはいかない、と出かけた『ビバ！ マリア』。この映画の監督はルイ・マルで、ルイ・マルといえばもちろん『死刑台のエレベーター』が有名。ということで遅まきながら上映館を探して観に行ったのだが、この『死刑台のエレベーター』にも出演していたジャンヌ・モローは超クールだったから、ジャンヌ・モロー主演の『突然炎の如く』や『危険な関係』も上映館を探して観に行った。トリュフォーが監督の、男の子2人と女の子ひとりが正三角形の愛を誓う『突然炎の如く』の甘酢っぱさには胸がキュンとしたが、ジャンヌ・モローのクールな魅力が全開の『危険な関係』の（ややくたびれていたが）モノクロ映像の美しさたるや、『死刑台のエレベーター』に負けず劣らずで、こっちにも痺れた。

もうひとつ痺れたのが、アート・ブレイキーとジャズ・メッセンジャーズがテーマ曲を担った『危険な関係のブルース』のかっこよさだ。もちろん『死刑台のエレベーター』のマイルス・デイヴィスのトランペットも超クールだった。ジャズ・メッセンジャーズの高揚感とマイルスの静謐《せいひつ》感は、同じジャズでも相当に印象が異なって感じられた。それでいて、どちらも映画の魅力をジャズが倍加していた。ジャズはカッコいい！

あの頃に観た映画のこと

ヤードバーズの演奏を目当てに心ワクワク観にいったミケランジェロ・アントニオーニ監督の『欲望』。この映画の中でジェフ・ベックとジミー・ペイジが揃い踏みで演奏する「ストロール・オン」という曲の演奏シーンには胸が熱くなったが、この映画にチラッと出てくるジェーン・バーキンのしなやかな肢体には下半身が熱くなった。とにもかくにもスクリーンに映し出されたイタリアとフランスと、そしてスウィンギン・ロンドンの美女たちには、どこまでも魅了されっぱなしだった。

『欲望』を観て「アントニオーニはいい映画撮るなあ」と思っていたら、ある日のオールナイト上映でアントニオーニの『太陽はひとりぼっち』がかかった。この映画でモニカ・ヴィッティとともに冴え冴えとした孤独感を漂わせて男の目にも魅力的だったのがアラン・ドロンだ。そこで、アラン・ドロン主演の『太陽がいっぱい』と『冒険者たち』も観たが、どちらのアラン・ドロンも水も滴《したた》るじつにいい男だった。

『太陽がいっぱい』のニーノ・ロータと、『冒険者たち』のフランソワ・ド・ルーベによるサウンドトラックの素晴らしさにも唸った。「青春」を音楽で表現したらまさにこのサウンドという、最高・最上のサンプルだ。素晴らしい音楽は、繰り返すが、映画の魅力を倍加する。

東京は本当に広い。いろんなところでいろんな時代のいろんな映画をバンバンやっている。東京はまったく飽きることのない巨大なパラダイスだ。

『死刑台のエレベーター』や『危険な関係』でしっかり心の奥に刻まれたマイルス・デイヴィスやアート・ブレイキーの音楽は、このあと急速にジャズに魅入られていく僕にとって、まさに新しい世界に誘い入れてくれたドアだった。椅子に座って目を凝《こ》らすと、スクリーンの中にはクールな美女がいて、バックにはジャズが響き渡っている。ジャズは僕を別世界に瞬時に連れて行った。ジャズを好きにならないわけにはいかなかった。

当時ジャズの映画と言えば『真夏の夜のジャズ』になるが、この映画はどこかのジャズ喫茶で上映されたのだろうか。あるいはアテネ・フランセのようなところで観たのだったか、映画館で観た記憶がない。このジャズ・フェスティヴァルの記録映画は映像が息を呑むほどスタイリッシュで、かつジャズなのに豊かで平和で幸せな気分にさせられた。ともあれ、『死刑台のエレベーター』と『危険な関係』と『真夏の夜のジャズ』のおかげで、「ジャズはカッコいい」という認識が僕の心の中に、杭のようにグサリと打ち込まれた。

『真夏の夜のジャズ』は１９５８年のニューポート・ジャズ・フェスティヴァルの記録映画だから、僕が映画を観た時点ですでに公開されてから10年ほど経っていたが、スクリーンにはアメリカが最も輝いていた時代の洗練と粋が華やかに舞っていた。この映画ではニューポートに燦々《さんさん》と降り注ぐ陽光が、ジャズのダークな一面をきれいに流し去っていた。

それにしても、エリック・ドルフィーが在籍するチコ・ハミルトン・グループがリハーサル室で演奏するシーンの息を呑むような美しさ。逆光にメンバーが浮かびあがる瞬間の映像美には言葉を失った。セロニアス・モンク、アニタ・オデイ、ジェリー・マリガン、チャック・ベリー、ルイ・アームストロングらの一挙手一投足、なにからなにまでがカッコいい。細身のダーク・スーツに細身のブラック・タイでビシッと決めたジャズメンの姿の凛々《りり》しさたるや、もうため息ものである。客席の聴衆だって全員ファッション誌から抜け出したようにスタイリッシュだ。この記録映画が非現実なまでにスタイリッシュなのは、映画監督が『ヴォーグ』などのファッション誌で活躍していたバート・スターンという当時売れっ子の写真家だったから、というのはあとで知った。

文芸坐とともによく通った飯田橋の佳作座だが、こちらの映画館でももちろんネオ・リアリズモもヌーヴェル・ヴァーグも小津も溝口もかかっていたし、それらのいくつかをここで観たと思う。でも僕にはアメリカン・ニュー・シネマにどっぷり浸った映画館という印象が強い。なぜだろう。『俺たちに明日はない』や『卒業』『イージー・ライダー』『バニシング・ポイント』なんかを観たのはたぶん佳作座だ。

なかでも強く印象に残っているのが、キャンディス・バーゲンがインテリ女優のイメージをかなぐり捨てて熱演した『ソルジャー・ブルー』、ダスティン・ホフマンとフェイ・ダナウェイが共演した『小さな巨人』の2本立てだ。それまで西部劇といったら、監督ジョン・フォード、主演ジョン・ウェイン（もちろん、それも良いのだが）、あるいはマカロニ・ウエスタンという程度の認識だったので、この2本の映画から受けたインパクトはあまりにも強烈だった。

バフィー・セントマリーの歌う『ソルジャー・ブルー』の主題歌が映画館を出たあとも頭の中をぐるぐると廻っていた。救いのない、驚くほど悲惨な事件を真正面から描いた背筋の伸びる映画だ。インディアン（ネイティヴ・アメリカン）の視点も混じえて描かれたディープな西部開拓時代の物語というか裏のアメリカ史は、まさにアメリカン・ニュー・シネマならではは。もっとも、僕はこの2本の素晴らしい映画を観たことを長い間すっかり忘れていた。90年代に入ってケヴィン・コスナーの『ダンス・ウィズ・ウルブズ』を観たときに、突然思い出したのだ。「あ、こういう感じの映画はずっと以前にも一度観たことがあったな」。それが『ソルジャー・ブルー』と『小さな巨人』だった。

銀座ヤマハのオーディオ・フロア

予備校の帰りに映画館も含めていろんな場所をグルグル廻っていたわけだが、映画館以外では銀座ヤマハが僕にとって別格と言える店、いや天国だった。広いフロアには大量のレコードが、それも輸入盤が見渡すかぎりびっしりと並び、ガラス張りの陳列棚の中には海外製のエレクトリック・ギターやアコースティック・ギターがこれまたずらりと並んで輝きを放っていた。そして別室には高級輸入オーディオ製品がデンと鎮座していた。

銀座ヤマハのオーディオ・フロアには、記憶がやや曖昧だが、マランツやフィッシャー、ダイナコなどの米国製アンプやアルテックA7のような大型スピーカー、英国製ではタンノイやグッドマン、リチャードアレン、ワーフェデルといったスピーカーが展示されていたと思う。当時銀座と渋谷のヤマハ、そして秋葉原のヤマギワには高級オーディオ製品が展示販売されていたが、一般的なオーディオ・ショップとは違って、ヤマハは楽器店でありヤマギワは照明や家具の専門店だ。だから両店ともオーディオ・フロアには店が厳選した高級品だけが並べられていた。今で言うセレクトショップである。ヤマギワは当時マッキントッシュの輸入代理店もやっていた。さらに銀座ヤマハにはオリジナルのオーディオ製品も並んでいて、これらも素晴らしい輝きを放っていた。

オリジナルの製品とは、ヤマハの木工技術を生かしたシックで美しい仕上げのキャビネットのことで、英国グッドマンのＡＸＩＯＭ３０１やＡＸＩＯＭ80といったスピーカー・ユニットが、ＡＲＵ（アコースティック・レジスタンス・ユニット）付ヤマハ製専用キャビネットに収めて売られていた。キャビネット入りのグッドマンのスピーカーは、価格もさることながらサイズも大きくて、居候《いそうろう》の身には欲しいという気すら起きなかったが、ヤマハ・オリジナルのレコード・プレーヤーはかなりその気にさせられた。それはヤマハ製のシックなキャビネットに、ティアックＴＮ２０２というベルト・ドライヴ式ターンテーブルとグレースＧ５６５というトーンアームを組み合わせた、なかなか美しいレコード・プレーヤーで、もちろん予備校生の身にははなはだ贅沢な代物だった。しかし、トーレンスやガラードのターンテーブルにＳＭＥのトーンアームとオルトフォンのＳＰＵカートリッジを組み合わせた、スバル３６０くらいのクルマなら買えそうな金額の超高級レコード・プレーヤーに比べたら、まだ現実的な価格の製品で、欲しいという気持ちがちょっとだけ湧いた。

同じ意味で、マランツやマッキントッシュのアンプは夢のまた夢だったが、ガラスケースの向こうで光り輝いていた日本初のオール・シリコン・トランジスタ・アンプ、ソニーＴＡ１１２０は惚れ惚れとするシャープなデザインもあいまって、喉から手が出るほど欲しいという気にさせられた。

ちょうどこの時期、僕は人生初のカツアゲに遭《あ》った。

ヤマハの店内をグルグル廻ったあと、店を出て銀座4丁目の交差点に向かって歩いていると、うしろから2人の男の子に呼び止められた。2人は僕を路地に連れ込んで、「俺たち朝鮮高校なんだけど、ちょっと金貸してくんないかな?」。そう言われた。

朝鮮高校というのは初めて聞く学校名だった。なにせ僕は北海道の山奥から出てきたばかりの田舎者だ。でも言っていることはなんとなく理解できた。僕はヤマハの店内で目をつけられていたようだ。その日僕は銀座ヤマハでガラス越しにフェンダーやギブソンのエレキギターを、よだれを垂らさんばかりに見入っていた。

唖然《あぜん》としたまま言葉の出てこない僕に対して、少年は「お前、カネ持ってるだろ?」。僕は金持ちの息子と思われたのか。しかしそのとき僕は金はほとんど持っていなかった。「今は予備校の帰りだし、金はないよ」と答えた。すると「なんだー、先輩かあ」と少年。先輩ではなく、単に少し年上というだけだが、連中はつまり僕を高校生と勘違いしていたようだ。

僕が年上と分かって少しトーンダウンした少年が続けて「ヤマハにいましたね」。「うん、エレキを見ていた」

そう言うと、少年たちも「ロックが好きだ」と言った。僕は先週池袋のドラムでゴールデン・カップスを聴いたばかりだったので「ゴールデン・カップス、知ってる？」と聞いた。2人ともゴールデン・カップスを知っていたので、内心ちょっとビビっていたが去勢を張って、そのときのライヴの様子を2人に話した。

ザ・ゴールデン・カップスはその頃「いとしのジザベル」という曲でデビューしたばかり。演奏力の高さと、日本人離れした本物っぽい、といっても黒っぽいとか英国っぽいというのとは少し違う、うまく言えないが本物のブルース・ロックっぽい、どこかヤバげでフロム本牧という雰囲気を漂わせまくっていて、金を払って聴くだけの価値は大いにあるバンドだった。たとえばタイガースとかジャガーズとかオックスとかいった、動物園からやってきたようなグループ・サウンズのバンドとは一線を画す、とにかく本物っぽさ溢れまくりのご機嫌なバンドだった。

2人は帰りの電車賃がないと言うので、僕は彼らに少し持っていた小銭を渡した。「どうも」と言って、2人は去って行った。

叔父の家を出て、ひとり暮らしを始める

やがて僕は叔父の家を出て阿佐ヶ谷にアパートを借りることになった。叔父の家を出た理由は女の子だ。叔父夫妻には高校生と中学生の娘がいて、中でも高校生の姉の方は美人でスタイルがよく、さらに化粧っ気はゼロなのにいつもいい匂いがしていた。このまま叔父の家に厄介になっていたら僕はどうにかなってしまいそうだった。長女は名前を節子と言い、僕のことを「お兄ちゃん」と呼んで慕ってくれた。しかし同じ屋根の下で、体温が伝わってくるほど彼女の存在をいつも身近に感じていたので、僕は悶々とした日々を送っていた。

この頃、僕は日々のあれこれをつらつら日記に書き留めていた。「日記をつけなさい」という母親の言いつけをなぜか律儀に守っていたのである。書いていた内容は東京という大都会の汲めども尽きない面白さ。予備校をサボって観に行っていた映画の話が中心、というかそれがほとんどだった。加えて節子ちゃんへの想いなども。

ある日、僕はこの日記が誰かに読まれていることに気づいた。引き出しにしまっておいた日記の位置が毎日微妙にズレているのだ。僕の日記をこっそり読んでいたのは、あろうことか節子ちゃんだった。僕が彼女に好意を抱いていたように、彼女も僕に興味津々だっ

たのだ。節子ちゃんにはボーイフレンドがいなかったこともあって、すぐそばに歳の近い男子がいるというのはそれなりに刺激的だったのかもしれない。僕だってガールフレンドなどいるわけもなし。そもそも予備校生だから色恋沙汰とは無縁で、まして節子ちゃんは叔父夫婦の自慢の娘だから手を出したらただでは済まない。その節子ちゃんが僕の日記をこっそり読んでいたのだ。彼女への想いを書き綴った顔から火が出るほど恥ずかしい日記を。

そんなことがあって、僕は叔父の家を出る決心をした。親にはまた余計な金を遣わせることになった。

第3章

新宿DIGが教えてくれた

1967-1968②

ジャズが、ジャズ喫茶が人生を変えていく

1967年の春、北海道の寒村からさしたる志もないまま上京した僕は、このように連日、池袋や神田、秋葉原、銀座などを徘徊していたが、ほどなく強力な磁力を放つ新宿に引き寄せられ、渦巻くカオスに瞬く間に呑み込まれることになった。新宿にいるだけで心も身体も歓喜に打ち震えた。すごい街だ、新宿は。

あの頃の新宿は、今とはまったく異なる得体の知れないエネルギーに満ちていた。そしてたくさんのジャズ喫茶があった。新宿が、ジャズが、僕の人生を思いもしない方向に向かわせた。

その年の夏の終わり、銀座でカツアゲを喰らってから少し経った頃に、阿佐ヶ谷でひとり暮らしを始めた。阿佐ヶ谷のアパートは3畳ひと間で家賃は4500円。「このあたりじゃ間違いなく一番安いよ」と不動産屋の親父は言っていた。部屋は2階の北向きで、勢いよく入るとそのまま反対側の窓から外に飛び出してしまう、そんなちっぽけな部屋だった。もちろんキッチンもなければ何もない。あるのは畳が3枚と小さな押し入れがひとつ、

共同トイレと洗面所は廊下に出た突き当たりだ。

2階に7室あった3畳間の各部屋には大学生たちが住んでいて、美大生もひとりいた。廊下を挟んだ僕の向かいの部屋にいたのは、中央大学の法学部を出て3年間司法試験の勉強をしているという、もっさりした男だった。25歳くらいのはずだがずいぶん大人びて見えたその男の部屋には、大量の本と湿っぽい布団、そして白いヘルメットが転がっていた。

ひとり暮らしを始めると、僕の足は徐々に予備校から遠のき、ジャズ喫茶に入り浸るようになった。予備校で2人の男子に声をかけられたことがきっかけだ。阿佐ヶ谷で暮らし始めたのも、じつは彼らに「阿佐ヶ谷に来いよ」と誘われたからだった。

ひとりはマッシュルームカットの小柄な男で、名前を綿貫といった。もうひとりの小倉は背が高く、いつも文芸誌を小脇に抱えたビートニクっぽい風貌の痩せた男だ。2人とも熱心にジャズを聴いていた。それまで僕はロックやポップスに夢中で、ジャズを真剣に聴いたことはほとんどなかった。高校時代に札幌まで蒸気機関車に揺られて、ススキノのスマイルや、東映（映画館）の地下にあったジャマイカといったジャズ喫茶に行ったことはあったし、帰りに玉光堂でデイヴ・ブルーベック・カルテットの『テイク・ファイヴ』のシングル盤を買ったことはあったけれど、せいぜいその程度だった。

だから僕にジャズとジャズ喫茶の魅力を教えてくれたのは綿貫と小倉の2人だ。綿貫と小倉は2人ともフリー・ジャズにのめり込んでいて、当時ジャズ喫茶に通う多くの若者がそうだったように、ジョン・コルトレーンを信奉していた。

予備校のあった水道橋にも、駅のすぐそばにスイングという、文字通りスイング・ジャズの専門店があった。僕はこのスイングもけっこう好きだったが、綿貫と小倉は微塵も興味を示さなかった。ここで聴いて好きになったベニー・グッドマンやサッチモ、ビリー・ホリデイ、ミルドレッド・ベイリーなどは今でも大好きだ。ちなみに作家の村上春樹は1970年から2~3年間、このスイングでアルバイトをしていたと、後年『Jazz Life』誌のインタヴューで読んだ気がする。

予備校の帰りに3人、あるいは綿貫か小倉のどちらかと僕の2人で、中央線沿線のジャズ喫茶に寄ってからアパートに帰るというパターンが定着するのに、そう時間はかからなかった。やがて新宿東口の二幸（のちのアルタ）の裏にあるDIGが僕の一番のお気に入りのジャズ喫茶になった。

68年当時、東京とその周辺には星の数ほど（ざっと30軒くらいか、カウンターだけで7~8人しか入れないスナック・バーのような店も入れたらおそらく50軒は）あったジャズ喫茶だが、最も数が多かった街は新宿で、半径1キロ以内に10軒もの本格的なジャズ喫茶がひしめき合っていた。そんなジャズ喫茶の中で、DIGは硬派で鳴らす最も突出したジャズ喫茶だった。ドアを開けた瞬間、居並ぶ常連客から「トーシローは入って来るんじゃねえ」と射るような視線を浴びて、僕はマゾヒスティックな快感を覚えた。独特のスノビッシュでビートニクな雰囲気に一発で魅入られた。

スポンジが水を吸うように

1967年のある日、いつものようにDIGにいると、突然店のドアを押し開けて、頭をツルツルに剃り上げた面妖《めんよう》な男が入ってきた。「すいません、状況劇場です。ポスター貼らせてください」。横尾忠則が描いた、頭がクラクラするような極彩色のサイケデリックなポスターだった。状況劇場の名前は、ジャズの生演奏を聴かせるクラブ、ピットインで深夜から明け方にかけて、ジャズではなく前衛的な演劇をやっている劇団という噂が耳に入っていた。その演劇の劇伴を山下洋輔トリオがやっているということも。その状況劇場が花園神社にテントを設営して、そこで新しい演目を披露することを伝えるポスターだった。タイトルは『腰巻お仙　振袖火事の巻』だったと思う。ジャズ喫茶の壁に貼られた前衛的な演劇のポスター。新宿はなんてカッコいい街なんだ。

当時のDIGでかかっていたレコードは、ジョン・コルトレーン、オーネット・コールマン、セシル・テイラー、アルバート・アイラー、アーチー・シェップといったフリー・ジャズ系（当時はニュージャズとか前衛ジャズと言っていた）が比較的多く、ＥＳＰやストラタ・イースト、ヨーロッパだとＩＣＰやＢＹＧといったフリー・ジャズ専門のマイナー・レーベルまでＤＩＧには揃っていた。フリー・ジャズではなくフリー・ジャズ〝系〟と書いたのは、毎日耳タコというくらいフリー・ジャズを聴いていると、だんだんジョン・コルトレーンやオーネット・コールマンはメインストリームジャズに聞こえてくるからである。他にはチャールズ・ミンガス、エリック・ドルフィー、もちろんマイルス・デイヴィス、ビル・エヴァンス……。

最初のうち、ＤＩＧでかかるジャズがほとんど解らなかった。フリーもメインストリームもよく解らない。特にフリー・ジャズはただただ混沌としていて、解るも解らないもなかった。それでもなぜ足繁く通ったのか。それはもうジャズ喫茶の、とくにＤＩＧの独特の雰囲気に魅入られたからだ。ジャズ喫茶という閉塞空間に潜んでじっとしているだけで、自分は特別な人間だという気分に浸ることができた。

ＤＩＧでかかる硬派なジャズにたちどころにのめり込んだかというと、さすがにすぐには無理だった。でも10回、20回と通ううちに、スポンジが水を吸うように、音が、ジャズが、徐々に、やがてどんどん体の中に浸透してくる。僕のからだは貪欲にジャズを吸収していった。

そしてある日、決定的な音に出会う。それは綿貫や小倉が心酔するするジョン・コルトレーンではなく、アルバート・アイラーだった。アイラーの「ゴースト」という曲が突如という感じでＤＩＧの店内に鳴り響いたのだ。その瞬間､僕は身体が凍りついた。フリー・ジャズはコルトレーンを引き合いに出すまでもなく、多くが熱い演奏だ。特にコルトレーンは火傷しそうに熱い。だが、アイラーのジャズは温度感が低く、どこか醒《さ》めていて、しかもサウンドは混沌としていた。なかでも「ゴースト」や「スピリッツ」という曲では、アグレッシヴなのに冷静と感じられるゲイリー・ピーコックのベースがいっそう不気味な感じを際立たせていた。アイラーとピーコックの後方からはサニー・マレーの叩くパルス性のノービート・ドラミングがさざ波のようにひたひたと押し寄せる。どう聴いても物凄く奇妙な音楽だ。アイラーのテナーサックスには終始焦燥感が付きまとい、聴いているとどこか落ち着かない気分にさせられた。不安感を煽られるというか、いても立ってもいられなくなる。「お前はこんなところでノホホンと音楽を聴いていていいのか」。アルバート・アイラーはそう問うてきた。

アイラーのアルバム『スピリチュアル・ユニティ』は、僕が初めて買ったフリー・ジャズのレコードだ。

アイラーを聴いて僕はフリー・ジャズを理解した。理屈ではなく頭でもなく、心がフリー・ジャズを理解した。一度解ってしまうと、セシル・テイラーも、オーネット・コールマンも、もちろん熱く燃えたぎるジョン・コルトレーンやアーチー・シェップもジョン・チカイも、なんでもすんなり入ってくるようになった。というか、アイラーに比べれば、ジョン・コルトレーンの『至上の愛』も、オーネット・コールマンの『フリー・ジャズ』もずっと普通に音楽的だ。普通の良い音楽だった。しかしアイラーの演奏はどこまでもスピリチュアルで、どこかこの世の音楽ではないという感じがあった。

こうやって僕はまずフリー・ジャズに魅せられ、そしてほぼすべてのジャズを理解した。パーカーもバド・パウエルもミンガスもドルフィーもモンクも、もちろんマイルスもロリンズもゲッツもエヴァンスも何でも。それらがどんどん身体の中に入ってきた。こうして僕はジャズの虜になっていった。

ジャズ喫茶に行くとどうしても長居してしまうが、これはどのジャズ喫茶の客も同じだった。途中で店を抜け出して、なにか食べてからまた戻ってくる強者もいっぱいいた。ジャズ喫茶こそは、スピーカーから放たれる大音量にどっぷりと浸って自己に耽溺できる真に魅力的な空間だった。僕は予備校生であることを忘れて——忘れてはいけなかったが——連日のように通った。

2度目の大学受験失敗、DIGでのアルバイト

そんな毎日だったから2度目の大学受験にも当然のごとく失敗。こうして、僕の2年目の浪人生活が始まった。両親からは北海道に帰ってくるように言われたが、「もう1年東京に居させてほしい」と懇願した。そう言いつつも大学に行く気はまったくなかった。

仕送りはすべてアパート代とコーヒー代と映画に消えた。もちろんこれでは食事がままならないので、足りない分はデパートの配送センターのアルバイトなどで補った。高校時代に57キロあった体重は50キロ前後になっていた。

そういえば、アパートがあった阿佐ヶ谷南6丁目には、駅前通りにある好味屋というケーキ屋の工場があって、毎朝その工場の入り口には食パンの耳が入ったポリ袋が20ほどテーブルに並べられていた。「欲しい方はご自由にどうぞ」というその無料のパンの耳にはずいぶんとお世話になった。

DIGは1階にアカシヤというロールキャベツが売りのレストランがあるビルの細い急階段を登った3階にあった。ある日、階段の登り口で「従業員募集」と書かれた貼り紙が眼に入った。僕は一瞬我が眼を疑った。これは毎日タダでジャズが聴けて、おまけに給料

までもらえるということだ。こんないい話があっていいのか。僕はすぐに面接を受けた。オーナーの中平穂積《なかだいらほづみ》さんからいくつか質問を受けて、そして「明日からいらっしゃい」と言ってもらうことができた。

こうして突然僕は憧れのＤＩＧで働くことになったのだが、これがその後の僕の運命を大きく変えた。ＤＩＧの仕事には、コーヒー係とレコード係とウェイトレスがあって、新入りはコーヒー係だ。しかしレコード係は座って好きなレコードをかけたり、お客さんのリクエストを聞いたりしていればいいだけのように思えたので、僕は早くレコード係になりたかった。ＤＩＧの店内はそれほど広いわけではなかったが、ウェイトレスはどの時間帯も常に2人いて、忙しく立ち働いていた。当時多くのジャズ喫茶がそうだったように、ＤＩＧも会話は禁止だった。そして従業員は黙々と仕事をしていた。客の注文を伝えるときにはＤＩＧの従業員はブロックサインを使っていた。たとえばウェイトレスがこっちを見て指を1本立てたら「コーヒー1杯」という意味だ。人差し指と親指でCの形を作ると「コーラ」で、自分の目を指差したら「アイスコーヒー」。指でもむ振りをすると「ミルク」で、これは今やらせたら間違いなくセクハラである。コーヒー係の僕はそのウェイトレスのブロックサインを見て、即座に飲み物を作った。

レコード係になるためには？

ＤＩＧで働き始めて数ヵ月ほど経った頃、番頭さん（レコード係兼店長）の鈴木彰一さんに「どうすればレコード係になれますか」と訊いてみた。そうしたら、「店にあるレコードが全部頭に入ったらね」。じつはＤＩＧにはレコードリストがなかった。ジャズ喫茶にはだいたいどこもレコードリストというものが用意してあって、客はそれを見てリクエストすることが多い。しかしＤＩＧはレコードリストを作っていなかったので、レコード係は店には何のレコードがあって、何のレコードがないかを頭に入れていなくてはいけない。僕はそれから毎日開店の２時間前の９時に店に行って、メモを取りながらたくさんのレコードを聴きまくった。その当時のＤＩＧには厳選した２千枚のレコードが置いてあったが、以前は１万枚あったという。

どのレコードにどんな曲が入っていて、どんなミュージシャンが参加しているのかがだいたいわかってきた頃に、遅番のレコード係だった早稲田大学の学生が卒業で店を辞めることになった。チャンス到来だ。僕はさっそく彰《しょう》ちゃん（僕たち従業員は鈴木彰一さんのことをそう呼んでいた）に「レコード係をやらせてほしい」とお願いした。

彰ちゃんはレコード係の心得のようなものを伝授してくれた。客がレコード係のところに来て「誰それの何々というアルバムがあったらA面を」と言ったとする。あれば「分かりました、5枚ほどお待ちください」、なければ「置いていません」と答える。でも客のリクエストの仕方は様々で、「誰それのレコードで、トランペットに誰それが入っているやつある？　じゃあ、それのA面を」とか、「誰それのレコードで、○○○という曲が入ったやつ分かる？」というのも多かった。だからDIGに置いてあるレコードのことはしっかり頭に入っていなくてはいけない。そんな難題をなんとか克服（？）して、僕は晴れて昼のコーヒー係から夜のレコード係に昇格した。このくらい熱心に受験勉強もやっていたら、きっと大学にも受かっていただろう。

しかし、レコード係のハードルがこんなに高いジャズ喫茶は、当時も今もそうはないと思う。彰ちゃんからはDIGのスタイルをみっちり叩き込まれた。彰ちゃんはリクエストの受け方、レコードのかけ方にもうるさかった。リクエストを受けたお客さんにはリクエストが溜まっていてもいなくても4～5枚は待ってもらう（いつでも4～5枚は溜まっているのだが）。ピアノ・トリオのような小編成ものの次には編成の大きなものを、フリー系のあとはメインストリームをかけるようにとも言われた。さらにリクエストに応えつつも自分の判断で間にいろいろなレコードを挟み込み、「流れがワンパターンにならないことも大事だよ」。それから、ふだんはリクエストがあまり来ないような隠れ名盤も、彰ちゃんは絶妙のタイミングでかけていた。新譜はジャケットが壁に飾ってあって、こっちは連日どんどんリクエストが来た。

こうして働くうちに、DIGには他のジャズ喫茶とは際立って異なる特徴があることに気がついた。よそのジャズ喫茶ではよくかかるが、DIGではほとんどかからない盤がかなり多いのだ。まずはヴォーカル・アルバムがかからない。一般に「ハード・バップ」と呼ばれる威勢のいいジャズもほとんどかからない。グラント・グリーンやジミー・スミスといったアーシーなジャズもほぼまったくかからない。ウェス・モンゴメリーのイージー・リスニング路線や、リー・モーガン『サイドワインダー』、フレディ・ハバード『バックラッシュ』、それからどこのジャズ喫茶に行っても必ずかかるソニー・クラーク『クール・ストラッティン』といった超人気盤にもリクエストが来ないし、彰ちゃんもかけようとしない。『アメイジング・バド・パウエル』も第1集はかかるが、どのジャズ喫茶でも超人気盤の第5集にはそれほどリクエストがない、それがDIGというジャズ喫茶だった。

つまり、解る人は解ると思うが、客もせいいっぱい気取っていて、通ぶっていたのである。だから、レニー・トリスターノやギル・エヴァンス、リー・コニッツのヨーロッパ録音、サド・ジョーンズ／メル・ルイスといったいかにも通っぽいジャズは比較的よくかかっていた。

彰ちゃんは長年勤めたDIGを1970年に辞めて、GENIUS（ジニアス）という素晴らしいジャズ喫茶を渋谷の道玄坂小路の雑居ビル地下にオープンした。現在は中野新橋に移転していて、6～7年前に一度訪れたことがあるが、彰ちゃんはその店でお孫さんに囲まれてとても元気そうだった。

自分でジャズ喫茶を開きたい

1968年10月21日、僕は国際反戦デーのデモ行進に、わりと軽い気持ちで参加した。その日デモ隊は2組あったが、僕が参加したのは明治公園のデモ隊のほうだ。ちなみにもう1隊は日比谷公園の野外音楽堂前に集結していた。僕が参加したデモ隊は、六本木の防衛庁前（現在の東京ミッドタウン）まで何事もなく粛々と行進していった。

僕はデモ隊の一番うしろにくっついてのんびり歩いていたが、気がつくといつの間にかデモ隊のほとんど先頭に出ていた。そして防衛庁の少し前、乃木坂を越えたあたりまで来たところで突然目の前に恐ろしい光景が広がった。10mほど先で機動隊がこちらに向かって隊列を組み、道を塞いでいたのだ。それから20～30分ほど睨み合いが続いた。一触即発とはまさにこのこと、周囲の空気はビリビリという音が聞こえそうなほど震えていた。実際は空気ではなく自分の心臓が震えていたのだったが、それがピークに達した刹那《せつな》、突如100人以上の機動隊員が銀色に輝く盾を手にこちらに向かって突進してきた。我らデモ隊は「ワーッ」と大声を上げながら踵《きびす》を返して来た道を駆け戻ったが、隊列の先頭にいた僕は逃げる段になったら最後尾。うしろからは機動隊がすごい勢いでズンズン迫って来る。そしてついに追いつかれた。

生きた心地がしなかった。後日聞いた話では、東京ではその日だけで700人の学生が逮捕されたそうだが、機動隊員に体当たりされ捕らえられそうになった僕は、なんとか逃げおおせて、ひたすら走って、走って、走った。乃木坂から赤坂を抜けて、どこをどう走ったかはよく憶えていないが、気がついたら四谷の駅前にいた。そこにはジャズ喫茶のいーぐるがあった。今の場所ではなく、当時はもう少し四谷駅に近いところにあったいーぐるに僕は飛び込んで、そこでやっとひと息つくことができた。

30分ほど休んでから店を出て四ツ谷駅に行くと、駅構内は無法地帯と化していた。駅員は誰ひとりとして見当たらず、改札はフリーパス状態。ところが電車はまだちゃんと動いていて次々とホームに滑り込んでくる。僕は人混みに押されて否も応もなく電車に押し込まれ、電車とともに新宿に運ばれた。ところが電車は夕闇迫る代々木駅と新宿駅の間で突然ストップした。電車に乗っていたのはほぼ全員ヘルメットをかぶって鉄パイプや角材を手にした学生たちだったが、電車は停止したまま動き出す気配がなかった。やがてどの車両でも乗客が手動でドアを開けて次々と線路脇に飛び降り始めた。僕も線路に飛び降りて学生らとともにゾロゾロ歩いて新宿駅に向かった。辿り着いた新宿駅では２０００人規模のデモ隊が新宿駅構内を炎上させていた。

「新宿騒乱」と呼ばれたこの事件、東口のジグザグデモも凄かったようだが、南口の惨状にも目を覆った。この日の新宿駅近辺には2万人の野次馬がいたというが、僕はこの光景を前にひどく虚しい気持ちに襲われた。しばらく騒然とした駅構内をフラフラさまよった後、僕はバイト先のDIGに辿り着いた。熱いコーヒーをもらって、さて、それから阿佐ヶ谷まではどうやって帰ったのだろう。1時間以上かけて歩いて帰ったのか。それとも中央線は動き出していたのか、記憶が飛んでいて思い出せない。

その後僕は何度も新宿が炎に包まれている夢を見た。今もときどき夢に出てくる。あの日炎上していたのは新宿駅の構内だったが、僕の夢の中では新宿の街が真っ赤に燃え上がっていた。

僕はアパートの向かいの部屋の中核派の男にハッパをかけられて、この国際反戦デーのデモに参加したのだが、デモ参加の理由は当時の首相の佐藤栄作が強力に推進する沖縄の米軍基地支援と、結果としてのベトナム戦争支援に怒っていたからだ。ゼンキョウトウが唱えていた反帝・反スターリン主義とか、プロレタリア世界革命なんてものにはこれっぽっちの興味もなかった。とにかく10・21国際反戦デーのデモに参加したことで、僕は学生運動と全共闘と、ついでに大学そのものに対する関心まで完全に失った。新宿の駅構内が燃やされるのを見て悲しい気持ちになった。アパートの大学生たちとは金輪際口を聞こうという気持ちがなくなった。それと同時に、この頃から大学浪人のふりを続けるのがだんだんつらくなってきた。もういい加減、楽になりたいと思った。

で、ある日決めた。僕は「大学に入学するまで」ではなく「自分でジャズ喫茶を開くまで」DIGでアルバイトを続ける。恋人はいないがそれ以外は充実した毎日だ。だからもう大学受験という重荷は下ろす。

そう考えたら楽になった。もう僕は受験生ではない。明日からは、自分の意思で予備校には行かない（とっくに行ってなかったが）。10・21日国際反戦デーのデモ行進に参加したからこその僕の「決心」だった。

僕みたいな勉強嫌いの人間が大学に行ってもろくなことにはならない。つまり、僕が色覚異常ではなく〝正常な〟色覚の持ち主で、理系の大学に進学が叶って建築の勉強をしていたらということだが、おそらくはノーテンキな大学生になって両親を大いに喜ばせていたと思う。だが幸か不幸かそうはならなかった。

第4章

DIGにいた頃の話

1968-1969

渡辺貞夫グループのライヴ、オーディオ観の確立

ＤＩＧのアルバイトには早番と遅番があって、はじめのうち早番だった僕は、仕事を終えるとたいてい西新宿にある中古レコード店のトガワレコードかオザワレコードを、ときにはその両方を覗いた。もちろん（近い）将来のジャズ喫茶開店に備えたレコード収集のためである。トガワはオールジャンルのレコードを大量に取り揃えた汚い店で、オザワはジャズ専門のきれいなレコード店だ。めぼしいレコードを見つけると、店員に頼んでレコードを取り置きにしてもらう。そして月に一度の給料日にガバッと引き取りに行くのである。レコードをチェックしたあとは他のジャズ喫茶に行くか、ジャズのライヴをやっているピットインやタローに顔を出した。

僕はＤＩＧの従業員だったので、ピットインには顔パスで入れてもらえたが、他のどのジャズクラブでも渡辺貞夫グループが出演するライヴは当時全部タダで聴くことができた。というのはＤＩＧでウェイトレスをしていた順子さんが、渡辺貞夫グループのドラマー渡辺文男ちゃんの奥さんだったからだ。僕は北海道の余市出身で、順子さんはその隣町の岩内町出身ということもあり、ほぼ同郷である。というわけで、青二才の僕はＤＩＧでは先

輩になる順子さんに優しくしてもらい、順子さんと文男ちゃんの住むアパートで晩ご飯をご馳走になったりしていた。

渡辺貞夫グループがジャズ・クラブやコンサートに出演するときは、僕は体が空いているかぎり演奏を聴きに行った。ジャズ・クラブの場合は客席ではなく文夫ちゃんが叩くドラムと鈴木良雄さんの弾くベースの近くに陣取って、ときには増尾好秋くんのギター・アンプのうしろにしゃがんで演奏を聴いた。1メートルほどの直近でそれこそ浴びるように聴くドラムとベースの生音は鮮烈この上なく、その後の自分のオーディオを構築する上で大いに役に立った。だから、俊敏な低音が出ない、ボンついた音のスピーカー・システムはお話にならない、そう思うようになったのは、この頃に受けた強烈な生音のジャズ体験によるものだと思う。

DIGで早番の仕事を終えたあとは、新宿の汀《なぎさ》やびざーる、ポニー、木馬、ヴィレッジ・ヴァンガードといったジャズ喫茶、そして生演奏が聴けるピットインやタロー、さらにジャズ・バーのTHE OLD BLIND CAT（略してCAT）といった店に顔を出していた。

そういえば、今から20年くらい前に高田文夫が編集長の『笑芸人』という雑誌があった。その雑誌の「ビートたけし特集」号に、たけしがたしか19歳でびざーる、20歳でヴィレッジ・ヴァンガードだったたか、とにかくウェイターのアルバイトをしていた、と書いてあった。ビートたけしは僕と同じ歳だ。ということはつまり、僕は当時ビートたけしにそれらの店で何度も遭っていたことになる。

CATマスターの動きを目で追い、学ぶ

遅まきながら性に目覚めた、というか目覚めさせられたのもこの頃だった。19歳になるまで僕の性体験は全部合わせても片手に満たなかった。ラヴ&ピースが叫ばれ始めていたこの時代、相当なオクテだ。

でもジャズ喫茶でアルバイトをしているとこんなことが起きる。

早番の仕事が終わる夕方5時少し前に、コーヒー係兼皿洗いの僕のところにお姉さんがスッと寄ってきて、耳元で「CATにいるわ」と囁く。バイトを終えた僕は、CATに行き、お姉さんにお酒を奢ってもらうのである。その後さらに新宿3丁目か2丁目あたりのジャズがかかっているスナックで飲むこともあれば、お姉さんの住んでいる町まで行って(なぜかほとんどが中央線沿い)、お姉さん行きつけのお店でごはんをご馳走してもらったり、少し飲んだり。そして最後はお姉さんの部屋に倒れ込む。当時はこういうステキなお姉さんがどのジャズ喫茶にもひとりか2人はいて、そのお姉さんたちは水商売風だったり

芸術家風だったりマダム風だったりといろいろだったが、みなジャズがとても好きだったし魅力的だった。DIGのバイトが終わったあと、びざーるやポニー、木馬などに行って、たまたまそこで相席になったお姉さんと親しくなり、そのお姉さんが僕のバイトするDIGにも来てくれるようになる、といったこともあった。

ジャズ喫茶は相席が当たり前だからいい出会いもあるということで、ステキなお姉さんたちには感謝しかないが、こういうことはいつの時代にもあるのだろうか。僕はレコードを買うためにお金を節約していたので、お姉さんがお酒や晩ご飯をご馳走してくれるのは実にありがたかったし、誕生日にレコードを買ってもらったこともあった。だからお姉さんに声をかけられるのを少し期待して、よそのジャズ喫茶に顔を出していたとも言える。ジャズを聴くだけだったらDIGでなんの不足もなかった。

それにしてもCATはいい店だった（じつは、現在も昔と同じ場所で営業している）。CATではマスターの小野さんの動きを目で追うのが楽しかった。当時の小野さんはまるでダンサーのような軽快な身のこなしで店内を舞っていた。たったひとりで20人くらいの客を相手にして、注文を聞き、ビールの栓を抜き、カクテルやオンザロックを手際よく作ってサービスする。しかもその間に2台のターンテーブルを巧みに操作して淀みなくジャズを流し続けるのである。その動きには無駄がなくバレリーナのように優雅だった。

小野さんの凄いところは、1枚のアルバムからもっともカッコいい曲を1曲だけ選んでプレイすることだ。まだDJという言葉が生まれる遙か昔の話である。1曲は数分で終わってしまうから大忙しのはずだが、そうは感じさせないスムーズな動きにはホトホト感心させられた。

1968年〜70年当時にCATでかかっていたレコードは、ヴォーカルものではクリス・モンテスやセルジオ・メンデス&ブラジル66、バート・バカラックやバカラックの曲を歌うディオンヌ・ワーウィック、あとはクローディーヌ・ロンジェなどの今で言うソフト・ロック路線が多かった。インストものなら、これもA&Mのウェス・モンゴメリーやポール・デスモンド、ジプシー風で少しサイケでフラワーなジャズ・ギターのガボール・ザボ、さらにハービー・マンの『メンフィス・アンダーグラウンド』や、ムーディーなボサノバのジェリー・マリガン『ナイト・ライツ』、そしてスタン・ゲッツ『スウィート・レイン』といった、総じてリラックスして聴ける雰囲気の良いジャズがよくかかった。まだクロスオーヴァーやフュージョンという言葉が登場するずっと前のことである。

フラワーでサイケなジャズと言えば、僕はこの頃ゲイリー・バートンやチャールズ・ロイドも大好きだった。68年にチャールズ・ロイドの奥さんがDIGに8ミリか16ミリのフィルムを抱えてやって来たことがあった。その日の夜、DIGでチャールズ・ロイド・クアルテットのヨーロッパ・ツアーのドキュメント・ムーヴィーの上映会が催された。このとき僕は動くキース・ジャレットとジャック・ディジョネットを初めて観たのだが、2人とも卒倒するほどカッコよかった。

穴蔵のようなジャズ・バー、吐夢

仕事のあとCATのような店で、肩の凝らないジャズを聴きながら一杯やるのは気分がよかった。なにしろDIGではフリー・ジャズを中心に総じて過激なレコードを次から次へと大音量でかけていたのだから。そう言えば、CATにも村上春樹がよく来ていたと、これも『Jazz Life』に書いてあったと思う。『ノルウェイの森』にはDUGも登場している。

遅番になってからは、終電があるので仕事が終わるとまっすぐ阿佐ヶ谷に帰ることが多かったが、そういうときも阿佐ヶ谷駅北口の高架線沿い、スターロードにある吐夢というジャズ・バーに寄っていた。キャメルのタイル画が描かれたマッチ箱のような、やけに細くて幅の狭いビルの地下に吐夢はあって、梯子のような急階段を降りていった先の、鰻の寝床のような6人ほどがやっと座れるカウンターだけの穴蔵スナック・バーだった。今考えても、よくあんな場所で保健所の営業許可が下りたものだと感心するが、あまり清潔とは言いがたいこの怪しいジャズ・バーは、奇妙なことに落ち着けるいい空間だった。

吐夢の存在を知ったのは、同じ阿佐ヶ谷のスターロード通りの先にあった「ぽえむ」という喫茶店によく行っていたからで、僕はぽえむのジャーマン・コーヒーというブレンド・コーヒーが好きだった。このジャーマン・コーヒーは当時の喫茶店で主流だったライト～ミディアム・ローストではなく、もう少し焙りの強いフルシティ・ロースト（ジャーマン・ローストと呼ばれていた）で、これを店主の山内さんが目の前でメリタのペーパー・フィルターで一杯一杯丁寧に淹れてくれるのである。このジャーマン・ローストで僕はコーヒーの魅力にはまった。

吐夢は、そのぽえむに行く途中にあり、ジャズを聴かせる店のようなので、前々から気になっていた。ある日、僕は意を決して恐る恐るその穴蔵に降りていったのだ。

遅番担当の早稲田の学生が卒業してDIGを辞めてからは、僕がDIGの遅番のレコード係になった。23時に店が閉店すると、僕はDUGに行ってオーナーの中平さんにその日のDIGの売上と伝票を渡して少し休む。DUGでは当時まだ珍しかったナポリ風ピッツァや、フランスパンを2つに割って間にハムやチーズ、トマト、レタスなどを挟んだ大きくて美味しいサンドウィッチをビールとともにご馳走になった。貧乏な僕にはそれは激しく美味しかった。

DUGで腹ごしらえしたあとは、電車のあるうちにアパートのある阿佐ヶ谷まで帰るわけだが、たまに伝説のジャズ喫茶「汀」や、歌舞伎町にある怪しげなジャズ・ヴィレッジ、ヴィレッジ・ゲート、ヴィレッジ・ヴァンガードといった終夜営業のジャズ喫茶で、始発が出るまで過ごすこともあった。

こういうジャズ喫茶には妖艶なお姉さんももちろんいらっしゃって、こっちがチラチラお姉さんの方を伺っていると「坊や、こっちにいらっしゃいよ」と手招きしてくれた。真っ暗な店内では、お姉さんかと思ったらじつはお兄さんだった、ということもあったが、どっちにしても薄い水割りをご馳走になりながらジャズの話をしたり、少し大人の話を聞かせてもらったり。いい想い出である。

そんなある夜、ヴィレッジ・ヴァンガードに行くと、顔見知りのウェイターから「以前、永山則夫がここでバイトをしていたんだよ」と教えられて驚いたことがあった。それからだいぶ経って新宿駅東口の紀伊國屋書店で永山則夫の『無知の涙』を買ったが、読むのがなかなか辛い本だった。

最高だったザ・ダイナマイツ、山口冨士夫

　新宿東口の末廣亭に近い雑居ビルの地下に生バンドが出演するジ・アザーというゴー・ゴー・クラブがあった。１９６９年当時、僕はパワー・ハウスというバンドの演奏目当てでそこに行った。パワー・ハウスはギタリストの陳信輝《ちんしんき》とベースの柳ジョージ、それにドラムとヴォーカルの４人編成の本格的なブルースロック・バンドで、ゴールデン・カップスに負けず劣らずのずば抜けた演奏力は、当時マニアックなR&Bファン、ロックファンに絶大な人気があった。絶大と言っても、ごく一部での評判だったが。

　僕の個人的な印象では、ゴールデン・カップスよりもその演奏はさらに自由奔放だった。ジ・アザーはかなり狭く、白い穴蔵を模したゴー・ゴー・クラブで、洞穴のような店内ではいつも花柄のミニスカートを履いた女の子が長い髪を振り乱して何人も踊っていた。いっぽう僕を含めた5～6人の男性客は、ビールの小瓶を片手にバンドの間近までにじり寄って、食い入るようにバンドの演奏を聴いていた。

　ジ・アザーにステージのようなものはなく、バンドはフロアで演奏していたので、手を伸ばせば触れそうなほど演奏者の近くまで寄って、浴びるように音を聴くことができた。マディ・ウォーターズの「フーチー・クーチー・マン」や「グッド・モーニング・リトル・

スクールガール」、ジミ・ヘンドリックスの「フォクシー・レディ」などは聴いていて背筋がゾクゾクした。そしてクリーム風に演奏した「スプーンフル」。この曲は柳ジョージがベースを弾きながら、ジャック・ブルースのように歌うのだが、これがまた鳥肌ものの素晴らしさで、日本人離れしている、とはこのことだ。目の前にいる3人は本物のクリームのようだった。

この当時、ザ・ダイナマイツというバンドもカッコよかった。いや、ダイナマイツのギタリスト、山口冨士夫のギターとルックスがずば抜けてカッコよかった。あとになって本人からアフリカ系英国人の父親と日本人の母親の間に生まれたと聞いたが、目鼻立ちのくっきりした彫りの深いハンサムな男だった。髪型はアフロヘアーでこれはもろジミ・ヘンドリックス。いや、ジミ・ヘンドリックスよりもさらにふささふさとした豊かで綺麗なアフロヘアーだった。

この山口冨士夫が弾くフェンダーのテレキャスターが、とにもかくにもシャープかつソリッドで冴えまくっていた。ヴォーカルを担当していたのは瀬川洋という男だったが、デビュー・シングル「トンネル天国」はたしかリード・ヴォーカルも山口冨士夫だったのではないか。ダイナマイツは僕がDIGでアルバイトをしている頃にどこかの店（たぶん新宿のACB）で聴いて、とにかくギターのカッコよさにやられた。

ダイナマイツのオリジナル曲は「トンネル天国」も含めてあまり感心しなかったが、それは仕方がない。この当時のグループ・サウンズは、ほとんどの曲を歌謡曲の職業作詞家・作曲家が書いていたから。でもカヴァー曲はどれも良かった。なかでもスパイダーズも演っていたルーファス・トーマス「ウォーキン・ザ・ドッグ」や、バッキンガムズっぽい「マーシー・マーシー・マーシー」などは、ステージに山口冨士夫がいるだけで、じつに本物のリズム&ブルースな雰囲気が漂った。

そういえば、69年に新宿伊勢丹デパートの屋上でもこのダイナマイツの生演奏を聴いたことがある。デパートの客寄せイベントだったが、頭上には陽光が燦々と降り注ぐ開放的なシチュエーションで、ビール片手に聴くダイナマイツの演奏は、最高という以上の極楽的爽快感があった。

ムゲンでアイク&ティナ・ターナーを観る

1968年、僕は赤坂にあったゴー・ゴー・クラブ、ムゲンで、アイク&ティナ・ターナー・ショーを観た。このショーは、バックコーラスのアイケッツも、専属バック・バンドのキングス・オブ・リズムも、さらには専属の照明係までも従えた、アメリカのクラブで行なわれているのとまったく同じスタイルの本格的で豪華なソウル・ショーというふれ込みだった。だから、どうしても聴きに行きたかった。行かないわけにはいかなかった。

ムゲンはゴー・ゴー・クラブと呼ばれてはいたが、いかにもアングラといった感のあるジ・アザーとはちがって、グランド・キャバレーと呼んでいい大人の社交場だった。「サンダル禁止」という張り紙を横目に店に入ると、店内は最先端のファッションに身を包んだ遊び人や、比較的きちんとした身なりの社会人、さらに有名無名の芸能人で溢れかえっていた。僕のような小僧がひとりで行くにはかなり敷居が高いクラブだったが、このアイク&ティナ・ターナー・ショーだけはどうしても見たくて、おっかなびっくり、ひとりで出かけて行った。料金はドリンク付きで1500円くらいだったと思う。当時の僕にとっては、かなり高額のチャージ料だった。

ショーにはまず日本のバンドが前座で出た（はずだが、バンド名が思い出せない）。そして休憩があってアイク・ターナー率いるキング・オブ・リズムが登場した。

キング・オブ・リズムの演奏が始まってまもなく、突然ベーシストの弦が「バチン」と音をたてて切れた。すると曲が終わったタイミングで前座のバンドのベーシストがステージ袖からスッと自分のベースを差し出す。ベースを交換して始まった2曲目で僕は口をアングリ。前座のバンドと同じフェンダー・プレシジョン・ベースでベース・アンプも同じフェンダー・ベースマン。それなのに、音が前座のベースとまったく違ったのだ。太く逞しい、地を這うような豪快な低音だ。比べると前座バンドのベース君の音はいささか大人しかった。この黒人ベーシストの音の熱さといったら、同じ楽器を弾いて、なぜこうも音が違うんだ！　さらにこのベーシストのプレイは一見淡々としているが、時間とともにジワーッと熱量が増して、気がつくと彼の額には大粒の汗が吹きだしていた。

そしてついにティナ・ターナーが登場。場内大歓声のもと「プラウド・メアリー」が始まった途端、まずティナ・ターナーの声のバカでかさにビックリした。それからティナとバックコーラスのアイケッツのミニスカートの丈の短いことと言ったら、最初から最後まで激しく踊りまくっているので、ショーツは見えっぱなし。さらにティナ・ターナーもアイケッツの面々も腰の振り方がまことにワイルド（というか驚くほど下品）で目が点になった。アイケッツの後方で直立不動のアイク・ターナーは、眼をギョロリと光らせてバンド全体を睥睨《へいげい》し、ストラトキャスターをシャープにカッティングしてバンドを自在にコントロールしていた。ティナ・ターナーはもはや歌手というよりは（100メートル走の世界記録保持者）ジョイナーのように筋肉質でバネの効いた、真性のアスリートだった。鋼のような肉体の黒人女性が「リヴァー・ディープ、マウンテン・ハイ」を絶唱するのだから、興奮するなというほうが無理。そんなわけで半端なく露出度の高い衣装だったにも関わらず、色っぽさの微塵もない、ひたすらアクセル全開でシャウトするティナの姿が目にしっかり焼き付けられた。

ショー自体は1時間に満たなかったが、一音も聴き漏らすまいと演奏に集中していた僕は、ショーが終わった頃にはもうヘトヘト。全力投球で手抜き一切なし、超ホットな歌と演奏を披露してくれたアイク&ティナ・ターナーには本当に度肝を抜かれ、本場のR&Bが放つ無尽蔵のエネルギーに圧倒的されまくりだった。

渋谷ブラック・ホークと松平維秋さんのこと

話は少し遡って、彰ちゃん（DIGの元レコード係兼店長の鈴木彰一さん）に聞いた話だが、DIGのオーナーの中平さんは1963〜64年頃に、新宿に次いで渋谷道玄坂の百軒店《ひゃっけんだな》にもDIGの支店をオープンした。

そして66年に事件が起きた。DIG渋谷店のレコード・コレクション中、約1000枚のレコードが盗難にあったのだ。しかも空になったレコード棚にはケニー・ドーハムの『マタドール』というアルバムだけが1枚残されていた。のちに犯人は捕まってレコードは無事に戻ってきたそうだが、「マタドール＝また盗る」という犯人のメッセージを不気味に感じた中平さんは、渋谷ＤＩＧを手放して、翌67年に新宿紀伊國屋書店裏に新たな支店ＤＵＧをオープンした。こちらはゴリゴリの硬派なジャズばかりかかるＤＩＧと違って、ヴォーカルものや肩の凝らないジャズが流れる、今で言うジャズ・バーだった。当時としてはきわめて洗練された明るい内装の店内では、もちろん会話もＯＫ。こういった雰囲気のよい店をいち早くオープンさせるところが、経営者としての中平さんの手腕の凄さだ。

ちなみに売りに出された渋谷ＤＩＧを水上さんという人が買い受けて新規オープンしたのが、のちにロック喫茶として有名になるが最初はジャズ喫茶だったブラック・ホークである。１９７０年頃にはシンガー・ソングライターやブリティッシュ・フォーク、スワンプ・ロックなど、渋いロックをかけるようになるブラック・ホークの店内が新宿のＤＩＧと瓜ふたつだったのは、元はと言えばここもＤＩＧだったからである。僕は新宿ＤＩＧの出身で、ブラック・ホークと相前後して自分の店ムーヴィンをジャズ喫茶からロック喫茶に変身させた人間なので、渋谷のブラック・ホークには特別な思い入れがある。

このブラック・ホークの店長として働いていたのが、伝説のレコード係、松平維秋《これあき》さんだ。松平さんは１９６５年からしばらく新宿ＤＩＧでも働いていたそうだが、僕が働いていた時期とは重なっていない。

その松平さんがかつて新宿と渋谷、両方のＤＩＧのレコード係だったことを僕に教えてくれたのは、若林純夫くんだった。若林くんは僕が1973年頃にはちみつぱいと並行してやることになる少年探偵団というバンドで一緒だったミュージシャンで、高田渡を中心とした武蔵野タンポポ団の創設メンバーのひとりでもあった。

彼はみんなからウディと呼ばれていた。理由はフォークの神様ウディ・ガスリーのファンだったから。もちろんボブ・ディランやジェリー・ジェフ・ウォーカー、クリス・クリストファーソン、ボビー・チャールズ、ガイ・クラークといったシンガー・ソングライター、そしてザ・バンドやハングリー・チャックといった土臭いバンドもこよなく愛していた。

その若林くんは当時渋谷の宇田川町にあったZooという、煉瓦に蔦が絡まる落ち着いた佇まいの珈琲店で働いていた。その若林くんに教えてもらったのが、吉祥寺の井の頭公園口にあった珈琲専門店「もか」である。もかの深煎りの自家焙煎コーヒー(「フレンチ」という名前が付いていた)の味は衝撃的だった。それは超深煎りだったが、苦さはほとんどなく、むしろ甘美で蠱惑《こわく》的なその味に僕は一発で魅了された。これをきっかけに僕はコーヒーにのめり込むようになり、のちに札幌で和田珈琲店をオープンするまでになるのだが、それはまだ6~7年ほど先の話だ。

第5章

ムーヴィン開店、自分の店を持つ

1969-1970

父から200万円の開店資金を借りる

僕が1969年5月に高円寺南口で始めたムーヴィンは、当初ジャズ喫茶としてオープンした。しかし、1年を待たずしてロック喫茶に鞍替えした。

ムーヴィンはおそらく東京で4番目のロック喫茶だ。その当時営業していたロック喫茶は、新宿ソウル・イート、渋谷ブラック・ホーク、吉祥寺ビ・バップの3つだったと思う。ブラック・ホークは最初ロック・タイムを設けて、ジャズの合間にビートルズやローリング・ストーンズといったポピュラーなロックをかけていた。ビ・バップは、同じ吉祥寺にあったジャズ喫茶の老舗ファンキーのオーナー野口伊織さんがお金をかけて開いたロック喫茶だ。新宿厚生年金会館前のソウル・イートはコーヒー1杯で長時間居座り、朝までマリファナを吸っているようなヒッピーやフーテンのたまり場で、当時まだ学生だった渋谷陽一がレコード係をやっていたと聞いたことがある。

ブラック・ホークは徐々にシンガー・ソングライター系やブリティッシュ・トラッドものに注力するようになってゆき、ビ・バップはポピュラーなロック、ソウル・イートは完全にハードロック志向。ムーヴィンはブラック・ホークに強い影響を受けていたが、わりと何でもかけていた。

ムーヴィンは先にも書いた通り、純粋なジャズ喫茶としてスタートした。すでに大学へ行く気など毛頭なくなっていた2浪中の僕は、DIGのレコード係になってますますジャズにのめり込んでいった。もはや自分にとって大学へ行くのは時間の無駄と分かっていたし、自分がネクタイを締めて出勤する姿もおよそイメージできなかった。とはいえ、いつまでもジャズ喫茶でアルバイト、というわけにもいかない。ひたすらジャズを聴き、映画を山のように観て、あとはコーヒーと酒を飲むという毎日の中で、チャンスがあれば自分でもジャズ喫茶をやってみたいと次第に考えるようになった。

そこで一計を案じた。形だけの受験が当然のごとく全敗に終わり、3浪目が決定した段になって北海道の実家に帰り、こう切り出した。

「僕が大学に受かったとする。すると私立大学なら入学金や授業料、生活費その他で相当なお金がかかるよね。だったら僕が大学に行ったつもりになって、申し訳ないけれど200万円出してもらえないだろうか?」

じつはこの1年半ほどジャズ喫茶でアルバイトをしていたことと、自分でも店をやってみたいこと、レコードも200枚くらい買い溜めてあることを打ち明けた。父も母も「こいつはいったい全体なんの話をしているんだ」という顔をした。そりゃあそうだろう。しかし父はしばらく考えてから「分かった。金は出してやる」と言ってくれた。母は横で唖然としていた。50年前の200万円と言ったら、今ならいったいいくらになるのだろう。

ジャズ喫茶ムーヴィン、オープン

当時僕が住んでいた阿佐ヶ谷には本格的なジャズ喫茶がなかったので、やるなら阿佐ヶ谷でと思っていたのだが、不動産屋のオヤジの勧めで店は高円寺になった。

店舗物件の相談に行ったのは、4500円という格安のアパートを紹介してくれた阿佐ヶ谷駅前の不動産屋のオヤジだった。オヤジが言うには、「阿佐ヶ谷や荻窪は地元の人間が多いわりと上品なところだ。ジャズ喫茶をやるなら、となりの高円寺がいいぞ」と。「高円寺は他所《よそ》から来た人間も多く住んでいる町だ。とくに四国出身の人間が多いんだ」、オヤジはそう言った。「それに、兄ちゃんたちみたいに髪が長くてもそんなに嫌がられないとこだ。じつは兄ちゃんの予算にぴったりのいい物件がひとつあるんだが、そこはどうだ」と。もしかしたら、オヤジは僕にその高円寺の店舗物件を売りつけたかっただけかもしれない。しかし、僕はそのテナントをひと目で気に入った。親父が太鼓判を押したその店舗物件は、高円寺駅南口を出て阿佐ヶ谷方向に5分ほど歩いた高架線沿いにある3階建の新築ビルの1階にあった。

父には開業資金を出してもらっただけでなく、店の内装工事もやってもらった。テナントとして入るマンション1階の平面図を父に送って、僕のイメージ通りに内装の図面を引いてもらった。父は大工2人を従えて上京し、1週間ほどで手早く店を造り上げてくれた。3回も受験に失敗した挙句ジャズ喫茶をやりたいなどと言い出したバカ息子を援助してくれた父には、いくら感謝しても感謝しきれない。

店内はDIGやブラック・ホークのような濃い茶色の渋めの内装。レコードはDIGのバイト時代にコツコツと買い集めた200枚に、開店資金の一部で買い足した300枚ほどを加えた計500枚でスタートした。店の広さは7坪、30席程度の細長い狭い店だったが、とにもかくにもジャズ喫茶ムーヴィンはこうしてオープンした。『スイング・ジャーナル』にも開店広告を出した。

このままだと店は潰れる

高円寺にはすでに地元客に親しまれているサンジェルマンというアットホームなジャズ喫茶があった。店名は『サンジェルマンのアート・ブレイキー』というアルバムから採《と》ったのだろう、オーナーの三野村泰一さんは大のハードバップ好きで、店内では自身のグループを率いてトランペットを吹く人気者だった。だからサンジェルマンのテリトリーである高円寺を侵す新参者が現れたと、三野村さんは腹を立てているんじゃないか。オープン当初はそんなことを考えて、僕はハラハラ・ドキドキだった。

それからしばらくして、僕は最悪の偶然に頭を抱えることになる。あろうことかムーヴィンが入っているマンションの3階に三野村さんその人が住んでいたのだ。自分の陣地の高円寺、しかも自分の住んでいるマンションの1階に新宿の人気店DIGにいた小僧がジャズ喫茶を出した。それは偶然としか言いようがないのだが、三野村さんは頭から湯気を出して怒っていたはずだ。

ただ、サンジェルマンとムーヴィンが競合することはなかったと思う。ハード・バップ主体のサンジェルマンと違って、ムーヴィンは最初からフリー・ジャズや新主流派がメインだったから。しかしサンジェルマンが仕切っている高円寺のジャズ・ファンは想像した以上に超保守的で、ムーヴィンにはまったくと言いたくなるほど客が来なかった。そもそもフリー・ジャズの愛好家など東京中を探してもまだそう多くはいなかったと思うし、数少ないフリー・ジャズのファンにはDIGという、それこそ〝聖地〟がある。わざわざ高円寺のムーヴィンまで足を運ぶ必要なんてないのだ。こうなったらムーヴィンもリー・モーガン『サイドワインダー』やフレディ・ハバード『バックラッシュ』、ソニー・クラーク『クール・ストラッティン』、ウェス・モンゴメリー『ア・デイ・イン・ザ・ライフ』あたりもかけないとダメかなあ。だんだん弱気になってきた。

このままだと店は確実に潰れる。ムーヴィンは方向転換を余儀なくされた。じゃあ、どうすりゃいい。悩んだ末にハタと思いついた。「ロック」だ。アメリカではベトナム戦争の泥沼化とともに、カウンターカルチャーの台頭が叫ばれていた。日本でも『平凡パンチ』や『週刊プレイボーイ』などの雑誌で、ラヴ&ピース、ヒッピー、フリー・セックス、フラワー・ムーヴメント、マリファナ、LSD、サイケデリックといった言葉が毎号のように紙面を賑わせていた。もちろんそういう興味本位な記事に踊らされたわけではない。流行りとかメインストリームに興味がないといえばウソになるが、性格としてそのまま乗っかることをよしとはしないのだ。それはかっこよくない。少し斜めから眺めているのが性分である。

だが、そんな風に気取っている場合ではなかった。店が潰れそうなのだ。それで救われるなら流行にも乗ってみよう。追いかけるようにこの年（1969年）の8月には、ニューヨーク郊外ウッドストックで大規模なロック・コンサートが開催され、40万人超という驚異的な観衆が集まったという話も伝わってきた。ラヴ&ピースでフラワーでサイケデリックな「ウッドストック・ロック・フェスティヴァル」の成功は僕の心を激しく揺さぶった。そうだ！　ロック喫茶ならいける（かもしれない）。

ブラック・ホークをヒントに、ロック喫茶へ転身

この頃はジャズも急激に変化してゆく最中にあった。1967年にジョン・コルトレーンが死んでからフリー・ジャズは徐々に下火になっていったが、それに代わって台頭してきたのがエレクトリック・ジャズ、あるいはジャズ・ロックと呼ばれるソリッドでファンキーなジャズだった。リズムもそれまでのフォー・ビートから、ロックのエイト・ビートとはややニュアンスは異なるものの黒っぽくてファンキーなエイト・ビートや、パーカッションを導入したポリリズミックで複雑なビートを押し出すジャズも現れて来た。リズムの乱舞、ビートのカオスだ。マイルス・デイヴィス『イン・ア・サイレント・ウェイ』や、ゲイリー・バートン『ダスター』、フリー・ジャズの急先鋒アルバート・アイラーが放ったファンクな『ラヴ・クライ』や『ニュー・グラス』、トニー・ウィリアムス・ライフタイム『エマージェンシー』。スティーヴ・マーカス『カウンツ・ロック・バンド』、さらにゲイリー・バートンとスティーヴ・マーカスの両バンドに参加していたギタリスト、ラリ

ー・コリエルの『コリエル』などなど、ジャズのエレクトリック化、ファンク化、ロック化が激しく進行中だった。こういった時代背景を考えても、ムーヴィンのロック喫茶への転身は自然な流れだ。

問題は手持ちのロックのレコードがほとんど無かったことだ。あったのはせいぜい20~30枚ほど。ロック喫茶の看板を掲げるからには、手始めに少なくともあと200~300枚はロックのレコードが必要だ。でも、200枚のレコードというと、輸入盤はヤマハで1枚2800円だから50~60万円ほど必要になる。そんな金はどこをひっくり返してもない。そこで渋谷ヤマハに出かけて店長に、「すみません、ツケでロックのレコードを200枚ほど売ってください」と頼み込んだ。当時の渋谷ヤマハ店は、店長も店員の女の子もみんな顔見知りだった。というのも、僕はDIG時代にジャズの新譜を買うため、鈴木彰ちゃんの代理で渋谷ヤマハに通っていたからだ。

あの頃はだいたい月2~3回くらいのペースで、渋谷ヤマハからDIGに電話がかかってきた。「マイルスの『イン・ザ・スカイ』とアーチー・シェップの『ブラーゼ』、チック・コリア『ナウ・ヒー・シングズ、ナウ・ヒー・ソブズ』、ウェイン・ショーター『スーパー・ノヴァ』他にもたくさん入荷しています、いかがいたしましょう?」といった感じで電話が入る。すると彰ちゃんは言われた中からDIGに必要と思われるアルバムをヤマハに伝える。そして当日か翌日に僕が新宿から渋谷まで電車に乗ってそのレコードを受け取りに行くのである。そんなわけでヤマハに顔が通っていた僕は、ムーヴィンになってからも渋谷ヤマハからツケで買い物をして、後日代金を振り込むという形でレコードが購入できていた。

ヤマハに在庫のないロックのレコードは、SCHWANN（シュワン＝アメリカのレコードカタログ誌）で調べてオーダーした。つまりアメリカから取り寄せてもらった。ランディ・ニューマンやヴァン・ダイク・パークス、ジェリー・ジェフ・ウォーカー、トニー・ジョー・ホワイト、ローラ・ニーロ、フィフス・アヴェニュー・バンド、ザ・シティといった、店頭には並んでいないアメリカのやや渋めのロック、あるいは通好みのシンガー・ソングライターのレコードである。

もうひとつ、ロック喫茶への転身を後押ししてくれたのはブラック・ホークの存在だ。ジャズ喫茶だったブラック・ホークは、この頃から〝ロック・タイム〟なる時間を設けてロックをかけるようになっていた。当時僕は、渋谷ヤマハでジャズの新譜を購入したあとは、百軒店の喜楽に寄ってワンタン麺を食べるか、ムルギーで卵入りカリーを食べるかして、その後ブラック・ホークでコーヒーを飲んでいた。

ブラック・ホークではロック・タイムになると、松平さんがおもむろにロックのレコードをかけ始める。最初の頃はまだビートルズやストーンズ、ツェッペリンといったビッグネームが中心で、ブラック・ホークらしさ、あるいは松平さんらしさが出ていたわけではなかったが、ロック・タイムの少し前になると急に客がぞろぞろと店内に入ってきた。

店は大繁盛。時代がロックを求めていた

ロック喫茶ムーヴィンをスタートするにあたり、僕は自分なりに店のスタイルを定義した。

まずひとつは、ロックの新譜をどの店よりも早く購入すること。当時いち早く輸入盤の新譜が入荷したのは渋谷と銀座のヤマハで、ブラック・ホークもほとんど渋谷のヤマハからレコードを購入していた。とにかくウェストコースト・ロックや、ザ・バンドをはじめとするウッドストック関連のアルバム、CS&Nやニール・ヤング、ジョニ・ミッチェルキャロル・キングなどのシンガー・ソングライターもの、さらに英米のブルース・ロック、サイケデリック・ロックといった新譜は真っ先に購入した。プログレはキング・クリムゾンとソフト・マシーンはいいとして、ピンク・フロイドやEL&Pはいちおう置いていたが僕自身は興味がなかった。ハードロックは基本的にかけなかったし、リクエストにもほ

とんど応じなかった。他の店やラジオで聴けるようなレコードをムーヴィンでかけても意味がない。と言いつつも、レッド・ツェッペリン、グランドファンク・レイルロード、ブラック・サバスなどはやたらとリクエストが多くて、しょうがないから渋々かけてはいたが。

もうひとつは、ジャズ喫茶時代に禁止していた会話をOKとした。これでムーヴィンは一気に盛り上がった。楽しみにしていた新譜を聴いたら、それについて仲間と話したくなるのは音楽ファンとして当然だ。

成功間違いなしと信じて、というのは嘘で、恐る恐る『ニューミュージック・マガジン』に「ロック喫茶ムーヴィン開店」の広告を出すと、それほど時を経ずして店の売り上げは上昇カーブを描きはじめた。時代は間違いなくロックを求めていた。

ブラック・ホークや、その後バタバタと4〜5店オープンしたほとんどのロック喫茶はどこも会話禁止だった。その理由は、解っていないジャズ喫茶の親父が経営者だったからだ。その点ムーヴィンは自由な空気に満ちたロック喫茶として、都内や近郊からロック・ファンの訪れる店になった。ついでに交番の巡査も顔を出すようになった。写真を取り出して「最近こういう女の子は来なかったですか?」。家出人の捜索である。そのときにたまたま店内でマリファナをやっている客がいても、この頃はまだ交番の巡査はマリファナ

（の匂い）を知らなかったのか、不思議とお咎《とが》めなしだった。それでも僕がそんな困った客に「警察が来たらまずいから、店内で吸うのはだけはやめてくれ」と頼んでも、連中には馬耳東風だった。それらのはなはだ迷惑な客は、ほとんどが新宿のソウル・イートから流れてきた、ヒッピー風のフーテンだった。

少し前にも書いたように、当時の輸入盤は1枚2800円もした。大卒初任給がその頃3万5千円前後だったから、輸入盤はきわめて高価でおいそれと買えるものではなかった。そうなると必然的に、コーヒー代だけで何時間も粘れてロックの新譜が聴けるロック喫茶は歓迎される。店は良くも悪くも自由で開放的でやや猥雑な雰囲気に満ちていた。

加えてもうひとつ売り上げがグイッと上向きに転じた理由に、新宿ソウル・イートが警察の手入れをきっかけとして一気に客離れを起こしたことが挙げられる。60年代終わり頃のソウル・イートには、学生やフーテンやヒッピーもどき、そしてミュージシャンを志す者や当時文化人と呼ばれた連中、自称・他称の作家やジャーナリスト、出版関係者、活動家、演劇や映画の関係者、家出少年、家出少女、指名手配犯などがゴッタ煮状態で押し寄せていた。新宿風月堂のヒッピーも外国人も含めてかなり来ていた。このソウル・イートから相当数の常連客が、会話OKの自由な店ムーヴィンに流れてきたのだった。

賑やかだった1970年

ムーヴィンが軌道に乗った1970年とはどういう年だったかというと、これがなかなか賑《にぎ》やかな年だった。3月に大阪万博が開幕、それから日航よど号ハイジャック事件が起きて、ビートルズが解散。11月25日には三島由紀夫が割腹自殺をした。日米安保条約の自動延長に対する安保反対統一行動もあったが、もうデモに参加する気はさらさらなくなっていた。

ムーヴィンをオープンさせたときはまだ阿佐ヶ谷に住んでいたが、あのボロアパートは出て、もう少しましな部屋に引っ越していた。その後ムーヴィンをジャズ喫茶からロック喫茶に変えたタイミングで、僕は阿佐ヶ谷から高円寺に引っ越した。

ムーヴィンの常連客は、高円寺や阿佐ヶ谷の近辺に住む若者が多かったが、遠方から来ている客もたくさんいた。なにしろ、ロック喫茶そのものがまだ珍しい時代だったわけだから。はるばるムーヴィンにやって来て終電に乗り遅れた客も多かったが、ムーヴィンから徒歩10分ほどの僕の部屋で一番電車が出るまで男女かまわず雑魚寝ということもしょっちゅうだったし、セックスを始めてしまう連中もいた。

その頃はヒッピーもヒッピーもどきもみんなラヴ&ピースで、僕も部屋に鍵をかけるようなことはなかったが、幸いなことに勝手に僕の部屋に上がり込んで寝ているような人間は誰もいなかった。数人が雑魚寝《ざこね》しても部屋から現金やものが無くなることも一度もなかった。

いや一度だけ、引き出しに入れておいた店の売り上げが消えていたことがあった。そうしたら2ヶ月ほど経ったある日の朝、誰かがドアを「ドンドン」と叩いた。僕は「鍵は空いているよー」と答えた。ドアを開けて顔を出したのは、ときどき店に家出少年や少女を探しにくる若い警官だった。その警官が「最近、部屋から金が盗まれなかったですか」と聞くので、「そう言えば引き出しに入れておいた店の売り上げが盗まれたことがあった」と答えた。すると「昨日空き巣の常習犯を逮捕したら、この部屋からも金を盗んだことを白状した」と言うのだ。おお、金が戻ってくるんだ、と思ったがそれは糠《ぬか》喜びで、コソ泥はすでに無一文だった。でも、盗んだ人間がムーヴィンの客ではなく、ただのコソ泥だったことが僕は嬉しかった。

ムーヴィンの常連客たち①

当時の常連客にはそれこそいろんな連中がいた。3／3というバンドをやっていて、その後ニューヨークのＣＢＧＢでパンクの洗礼を受け、帰って来てからフリクションという激烈にイカしたパンク・バンドを始めたレックとヒゲをまずは思い出す。

あと僕のガールフレンドだったシュン。シュンはまだジャズ喫茶だった頃のムーヴィンにある夜ふらりと現れて、その日から僕のアパートに住みついた可愛い女の子だ。シュンには、どこから来たのか、帰る家はあるのかとか聞いても、返事はいつもとびきりの笑顔だけ。しかし、いろいろ知ったところでどうなるわけでもない。くしゃくしゃに笑う可愛い笑顔だけで僕は満足だった。ただ、2～3ヶ月したら、やってきたときと同じようにふっと僕の目の前から消えていなくなるんだろうなと思っていた。でも、なんだかんだで1年半くらいは僕と一緒に暮らしてくれた。シュンは最初の半年くらいは単なる同居者だった。つまり肉体関係はなかった。僕はシュンを最初ヒッピーかフーテンと思っていたので、性に奔放でないのはとても意外だった。僕が単にシュンの好みのタイプじゃなかっただけかもしれないが。

想像するに、なにか理由があってシュンは住む部屋を失った。誰かと暮らしていたアパートを飛び出した、とか。で、その夜ふらりとムーヴィンにやって来た。閉店の時間になってもなぜか彼女は帰ろうとしない。そしてにっこり微笑んで「今晩泊めてもらえないかしら？」。

それからシュンは僕のアパートに棲《す》みつくことになった。僕はたぶんシュンに選ばれたのだろう。人畜無害を絵に描いたような男だったから。シュンと過ごした1年半は僕にとって遅れてやってきた夢のような青春だった。とはいえ、同棲ではなく同居だった。あるいはシュンは僕のアパートの居候だった。僕がいくらお願いしても身体を合わせることができない。1年半の間にたった一度だけ天にも昇るような素晴らしいセックスをしたことがあったが、それ以外は毎日同じベッドで一緒に寝て、兄弟のように仲良くしていた。シュンは非常にサバサバとした同居人だったが、でも可愛かったし、仲間としては申し分がなかった。

朝起きて、店を開ける前に2人で高円寺駅北口のシャンソン・フレールという喫茶店に行って、その店の名物のホット・サンドイッチとコーヒーを飲むという日々。このときシャンソン・フレールでシュンと一緒に聴いたバルバラというシャンソン歌手の『BARBARA chante BARBARA（私自身のためのシャンソン）』というアルバムは、今も僕の愛聴盤だ。このレコードを聴くたびに50年前のシュンやムーヴィンのことをまるで昨日のことのように思い出す。

一緒に暮らして1年半ほど経った頃、シュンは高円寺の南の方にアパートを借りてひとり暮らしを始めた。数ヵ月後に、元気にしているかなと様子を見に行ったら、偶然に村八分の冨士夫ちゃんが遊びに来ていて、シュンは相変わらずみんなの人気者だな、と思った。

他にもいいやつはいっぱいいいた。ドラムは一度も叩いたことがないはずなのに村八分のドラマーになったカントもいいやつだった。そのカントといつも一緒にいたとーちゃんもユニークな人物だが、カントもとーちゃんも何で生計を立てているのか皆目分からなかった。村八分のメンバーでは冨士夫ちゃんとヴォーカルのチャー坊がよく来ていたが、2人は当時眉毛を剃っていて、かなりの強面だった。でもベースの青木くんは優しい青年だった。

8ミリか16ミリ・フィルムで実験映画を作っていたアダモも優しい男の子だった。アダモの映画はムーヴィンで何度か上映したけど、多くの人が集まる楽しい上映会だった。絵描きの今井くん、ギタリストのアリも常連だった。今は某国立大学の教授になっているそうだが、当時はボンド中毒でいつもすっきりしない顔をしていたヨシオという男もいた。トイレという男もいたが、トイレは国分寺の「部族」につながりがあると聞いた。アロンという警察官の息子もいた。JUNとかカオという男も得体が知れない怪しい常連客だった。

ムーヴィンの常連客たち②

それから昼すぎになるとやってくる杉並高校の３人娘、マリ、ユリ、イクエもかなり目立つ存在だった。マリはシュンが僕の元から居なくなったあと、短期間僕のガールフレンドだったことがあり、ユリは当時村八分の青木君のガールフレンドで、そして３人の中で一番大人しかったイクエちゃんは、１９７７年頃にニューヨークに行って、パンク・クラブとして有名なＣＢＧＢに出入りしているうちに、アート・リンゼイ率いるＤＮＡというパンク・バンドのドラマーになった、という話を78年に札幌でフリクションのレックから聞いたときは本当にビックリした。

ニューヨークでレックはリディア・ランチのバンド、ティーンエイジ・ジーサス＆ザ・ジャークスのベースに収まり、レックとともにニューヨークに行ったヒゲは、そのティーンエイジ・ジーザスにいたサックスのジェームズ・チャンスが結成したバンド、コントーションズのドラマーとして短期間だが活躍した。イクエちゃん（イクエ・モリ）のドラムはもちろんＤＮＡのレコード『ＤＮＡ』や、ブライアン・イーノ監修の『ノー・ニューヨーク』でも、しっかり聴くことができる。今世紀に入ってもイクエ・モリはニューヨークでグラフィック・デザイナー＆ミュージシャンとして活躍中で、２００５年にリリースされたジョン・ゾーンのエレクトリック・マサダの２枚組ライヴＣＤ『Electric Masada at the Mountains Madness』にもIKUE MORIの名前を見ることができる。彼女の担当楽器はラップトップとかエレクトロニクスという表記だが、「イクエちゃん、活躍してるなあ」と嬉しく思った。

この頃のエレクトリック・マサダはメンバーが豪華で、ジョン・ゾーンやイクエ・モリに加えて、マーク・リーボウ、ジョーイ・バロン、ケニー・オルセン、さらにマイルス・バンドでも活躍したシロ・バティスタほか総勢8名。このメンツでロシアや東欧をツアーしたときのライヴ・アルバムを購入して、僕はイクエちゃんの活躍ぶりを大いに喜んだ。

現代の高校生はそれなりに思考も行動も進んでいると思うが、この頃の高校生だってムーヴィンに来ている子たちは本当にブッ飛んでいた。当時僕のガールフレンドだったマリは、高校の成績も抜群だったが、でもいつ勉強しているんだろうという感じで、ある日など朝の10時頃に僕の部屋にやって来ると、パッパッと制服を脱いでベッドにスルスル潜り込み、僕はまだ夢うつつで愛し合った。

東高円寺にあった女子美術大学の生徒にレイコという娘がいたが、ある日レイコがLSDでハイになってムーヴィンにやって来た。そして店内に1時間ほどいたレイコは突如胸を掻《か》き毟《むし》らんばかりに苦しみ出した。バッド・トリップだ。30分ほど断末魔の如く苦しんだあと友人に連れられて店を出ていったが、翌日になるとレイコは何事もなかったように颯爽《さっそう》とムーヴィンに現れたのだった。

この頃は大麻のみならずＬＳＤも多くのフーテンやヒッピー然とした客が日常的にやっていた。ＬＳＤが麻薬に指定されたのはやっと１９７０年になってからなので、それまではお咎めなしだった。だから逃げも隠れもしなくていい。そんなわけでみんな普通に「パープル」や「オレンジ・サンシャイン」といった上質のＬＳＤをやっていたし、店に来るヒッピーもどきや米兵からもプレゼントされた。

レイコの他にも女子美から来ている娘は何人かいたが、みんな個性的だった。中でもインド風の白い薄手の服を着て、額にはミラーという可愛いヒッピー・ファッションのウサギは毎日のように来ていた。一度ウサギのアパートに招待されて行ってみたら、そのアパートはなんと新宿厚生年金会館の裏手にあった。というわけで、ウサギもかつてはソウル・イートの常連だったのだろう。マザーやスージーといった女の子たちも迫力満点だった。

薄手の着物をひらひらさせていた弥生という女の子は自衛官の娘で、フェロモンを振りまく蠱惑的美女。いつも僕たちの目を楽しませてくれていた。弥生も何で食べていたのかよく分からない娘だったが、聞いた話では雑誌のモデルや金粉ショーで稼いでいたそうだ。弥生の出演する金粉ショーはさぞかし妖艶だったろう。僕は弥生とも３～４日だけ恋人同士だった。のちに映像作家＆演出家になる萩原朔美氏も当時ムーヴィンに来ていたと思う。

ナポレオンやモリヤマくんというのもいたなあ。

秋田からやってきた常連で、いつの間にかムーヴィンを手伝ってくれるようになったマー坊という女の子は、その後あがた森魚の映画『僕は天使ぢゃないよ』で倖子という役を演じることになるが、そのマー坊と仲の良かったアキラ（望月彰）くんという写真家の卵も常連で、アキラくんは裸のラリーズのカッコいい写真をたくさん撮っていた。やがてはちみつぱいの写真も撮ってくれて、西岡恭蔵の『ディランにて』のジャケット写真や、あがた森魚のレコードのジャケット写真も撮っていた。あとは上智大学の学生で1974年に葡萄畑というバンドでデビューすることになる、ジョン・レノン的風貌の武末充敏くんや、ギターの本間芳伸くん。他にもまだまだいろんな人間がムーヴィンに出入りしていたが、本当に誰も彼もが個性的で面白いやつばかりだった。

ムーヴィンの隣にオープンしたキーボード

ムーヴィンの繁盛ぶりに刺激されたのか、サンジェルマンの三野村氏もムーヴィンがロック喫茶になって半年か1年ほどあとに、ムーヴィンの隣にキーボードというロック喫茶をオープンさせた。ビルの1階にはテナントが3つあり、右はしがムーヴィン、左はしが花屋、そして真ん中は空いていた。そこにオープンしたキーボードは、自分のテリトリーの高円寺を侵された三野村さんから僕への復讐だったのかもしれない。

自由な空気に満ちたムーヴィンだったが、知らない客が入ってくると店の常連客が「誰だお前?」という顔で睨みつけて追い返してしまうのが困ったことだった。店主の僕としてはもちろんこの風潮を好ましくは思っていなかった。しかし新参者は大体において月並みなロックばかり聴きたがる。だからビートルズもローリング・ストーンズも、ツェッペリンもブラック・サバスも、グランドファンク・レイルロードもピンク・フロイドもEL&Pも、なんでも店には置いてあったが、新しい客にそういう珍しくもなんともないアルバムをリクエストされると「悪いけど、置いてないんだ」と答えるのはしょっちゅうだった。

そういうわけでいかがわしさ満点のムーヴィンに入る度胸のない若者は、隣のキーボードに流れた。排他的なムーヴィンに対して、キーボードはビートルズやディープ・パープル、カーペンターズをはじめとするポピュラーなロック・ポップスをかける心優しいロック喫茶だった。まあ、よかったと思う。

ムーヴィンという店名はジャズ・シンガー、ケイ・スターの『MOVIN'!』という古いレコードからいただいたものだ。あと、ホレス・パーランというピアニストの『Moovin'

& Groovin'』というレコードも好きだったが、つまるところロックも大好きだった僕は、ムーヴィンという言葉にボブ・ディランの「ライク・ア・ローリング・ストーン」のようなイメージを重ねていたのだった。「転がり続ける」というのがいいなと。もしこれがサテン・ドールみたいなジャズ喫茶然とした店名だったら、ロック喫茶に転身するときに店の名前も変えなければならなかったろう。ムーヴィンという店名は、今になって振り返れば、その後もせわしなく転がり続けることになる僕の人生そのものにも思える。

第6章

ムーヴィンのこと、仲間たちのこと

1970-1971

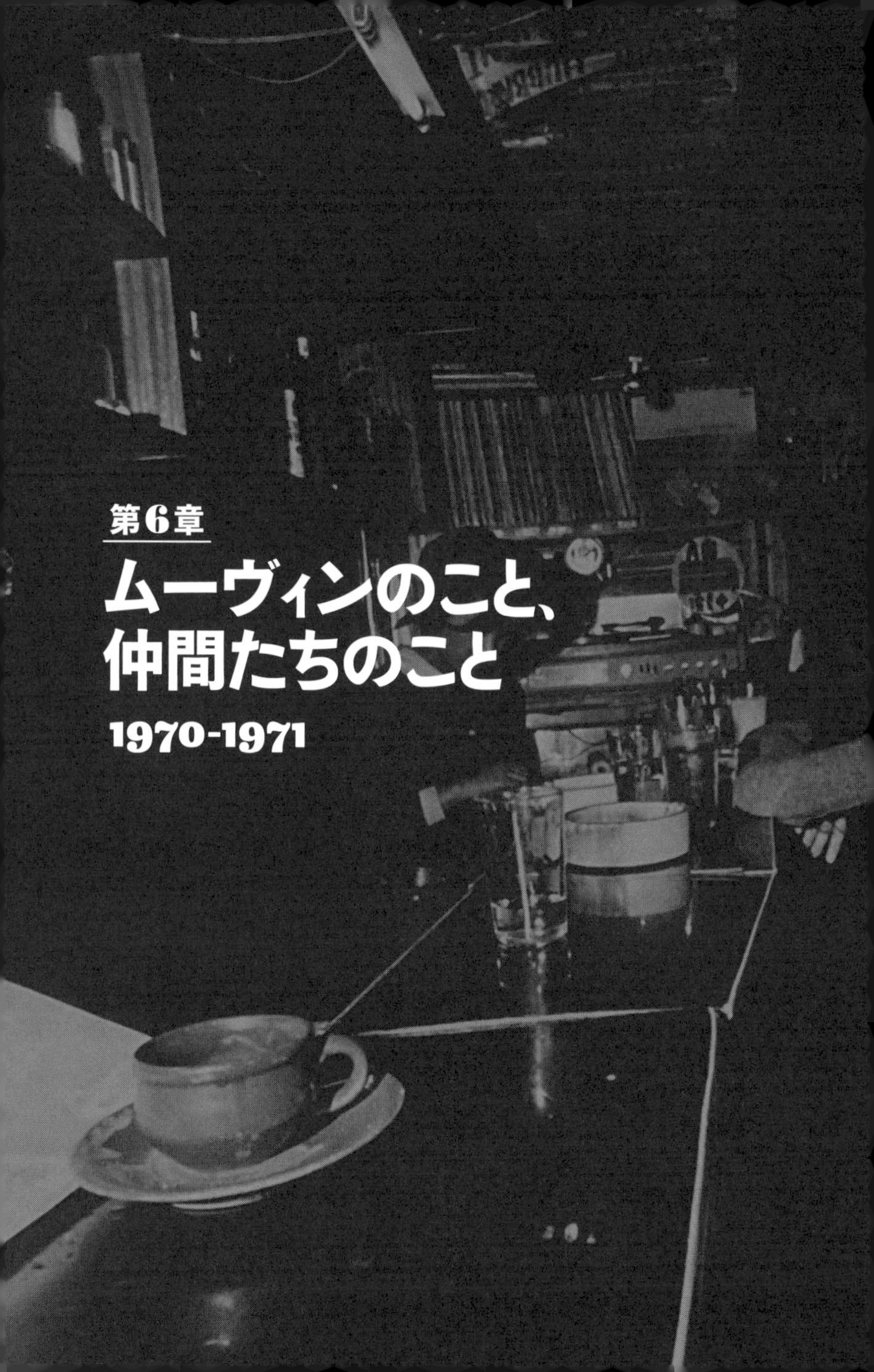

「見るまえに跳ぶ」しかなかった70年代初頭

僕が鈴木慶一とアコースティック・ギターで参加したアルバム『俺らいちぬけた』の前年、岡林信康は、はっぴいえんどのバッキングを得て『見るまえに跳べ』を録音している。まさしく我が意を表したアルバム・タイトルだと思った。学歴はなし、就職の意欲もなし。この頃の僕には、本当にあれこれ悩んでいる暇はなかった。トコトン精神的に追い込まれていて、とにかく「見るまえに跳ぶ」しかなかった。傍目にはノーテンキに生きていると映っていたかもしれない。しかし心の内は、いつも切羽《せっぱ》詰まっていた。だから、このアルバム・タイトルに共感したのだと思う。

「このままじゃ、さすがにまずい。きわめてまずい。なんとかしなくては、やがてもっとまずいことになる」。いつも何かに追われている自分がいて、この歳になっても、得体の知れない怖いものに追いかけられる夢を見ることがある。崖っぷちに追い詰められて、「あ〜っ」と、叫び声を上げて奈落の底まで転落していく。恐ろしくて、僕は叫び声とともに目覚める。できることなら見たくない悪夢だが、今思うと、この夢の原因は毎日底なしの不安を抱えて生きていた20歳の頃の精神状態にあるような気がする。のちにフリーターと呼ばれる道を選んでしまった当時の僕に、罰のように刷り込まれた生の不安だ。でも、ムーヴィンで毎日誰かと話ができて朝が迎えられれば、とりあえずはオッケー。文句を言ったらバチが当たると思っていた。そんな僕の目の前に忽然《こつぜん》と現れたレコードが『見るまえに跳べ』だった。

このレコードはムーヴィンのお客にとても人気があって、リクエストが多かった。ほとんど英米のロックとジャズしか聴かない僕は、最初の頃まるでピンと来なかった。しかし、バックで演奏するはっぴいえんどの演奏に注意を払いながら聴いているうちに、このアルバムがだんだん好きになった。日本のポップスは、当時の僕には何から何まで幼稚に思えたが、唯一いいと思ったのが、はっぴいえんどだった。はっぴいえんどだけは聴いていて気恥ずかしくならなかった。言葉も曲も演奏も、大いに気に入った。

同じ時期に大江健三郎の『飼育』という小説を読んで、強く気持ちを揺さぶられた。続けて大江の『見るまえに跳べ』も読み、たいそう感動した。大江が、政治と性の問題に正面から取り組んだ『見るまえに跳べ』の全体を覆う陰湿なトーンに、まだ肝っ玉が座っていない僕は終始とっつきづらさを感じながら読んだ。

この頃の僕は、日本の小説は恐る恐る買っていた。音楽と同じで、完璧なアメリカかぶれだったのだ。20歳の頃に読み耽っていた小説は、あの時代の若者にはお約束のJ・D・

サリンジャー、ジョン・アーヴィング、ウィリアム・サローヤン、リチャード・ブローティガンなどの米国作家の翻訳小説ばかり。日本人作家は、三島由紀夫、大江健三郎ぐらいだったか。ＳＦ作家にしてジャズ・テナーサックス奏者の広瀬正は別格的に好きな作家で、全作品を熱中して読んだ。それに小松左京も好きだった。特に『日本沈没』は大好きだった。生きづらい日本なんて沈没してしまってもかまわない、と当時の僕は本気で思っていたのだ。申し訳ないけれど。

なぜムーヴィンは繁盛したのか？

ロック喫茶に生まれ変わったムーヴィンは、にわかに忙しくなった。僕に先見の明があったわけではない。時代がロックを求めていたのだ。ヒッピー、フリー・セックス、フラワー・ムーヴメント、ドラッグ、サイケデリック、ハプニング、ミニスカートといった、『平凡パンチ』や『週刊プレイボーイ』に溢れ返っていた流行語が、あの頃の若者を浮き足立たせて、その結果としてムーヴィンには若者が大勢押し寄せるようになり、それなりに繁盛する店になった。

ジャズ喫茶時代のムーヴィンの客はみな一様におとなしかったが、「会話はお断り」のジャズ喫茶だったからそれは当然である。しかしロック喫茶になってからは、ムーヴィンの雰囲気はガラリと変わった。客はみんな自由奔放だった。雑多な客がさらに雑多で多様、ユニークな面々を引き連れて続々とやって来る。そんな客の中には、才能が開花する前の、噴火直前の火山のマグマの如き熱いハートを持った若者たちもいたが、一方で、どうやって食べているのか皆目判らないフーテンやヒッピー然とした連中も多かった。

ヒッピー然とした客の中には「部族」を知っている、あるいは部族と繋がりがあるというほぼ本物のヒッピーもいた。部族とは、僕が都内のジャズ喫茶巡りを始めた1967年頃に新宿で生まれ、国分寺に移動してコミューンを形成していたラディカルな集団だ。その集団は自分たちを「エメラルド色のそよ風族」と名乗っていたはずだ。あの頃はクラシック音楽が大きな音で流れていた新宿東口の風月堂というカフェに行けば、部族に会うことができた。とはいえ、おとなしい予備校生だった頃の僕に、部族の連中に話しかける勇気などあるはずがなく、遠巻きに眺めているだけだった。

67年当時（19歳）の僕は、クルー・カットとかアイビー・カットと呼ばれた短髪の、ごくごく普通の若造だった。しかし心の中にはヒッピーや、カウンターカルチャーに対する憧れや、部族に対する強い関心が渦巻いていた。さすがにクルー・カットと、こざっぱりとした身なりでは、部族に接触することは憚《はばか》られたのだが、彼らの動きはしっかり追いかけていた。

ムーヴィンがオープンした1969年頃になると、部族は新宿を離れて長野県や宮崎県、熊本県、さらには鹿児島の南方に浮かぶ諏訪之瀬島などに移住して、それぞれの土地に独自のコミューンを形成していた。というわけでムーヴィンに来ていたヒッピー風の若者たちが、どこまで本物のヒッピーだったか、それとも部族の一部だったかはよく分からなかったが、部族の一部が京都や国分寺にも拠点を置いていたことは知られていたので、ムーヴィンに来ていたのは国分寺にいた部族のメンバーだったかもしれない。

僕は、将来サラリーマンになることを僕自身に対して禁じていた。それ故に、いつも何か夢中になれるものが必要だった。常に何かに熱中していたい。僕がこの世に存在していたことをなんらかの形で後の世に残したい。何が残せるか、何か作品を残すことができるのか、ということだ。部族に入れてもらうということは、一時期かなり真剣に考えた。

しかし、本物のヒッピーになるとすると、来る日も来る日も、基本的には何もすることがないだろう。自給自足、晴耕雨読の真正ヒッピーは退屈そうで、あまり魅力的に思えなかった。僕は、目が回るほど忙しい方が暇にしているよりも断然好きだった。そういう生き方が性に合っているのだ。いつ何時までに何それを仕上げなくてはいけない、という締め切りに追われることを厭《いと》わない、締め切り大好き人間の部類だった。だったらサラリーマンでもいいだろう、と言われそうだ。でも、与えられた仕事を黙々とこなすことには、どうも向かない性格なのだ。

ムーヴィンの常連客の中で、一見するとヒッピーに見えた連中のほとんどは、実のところ自宅やアパートから通って来る、なんちゃってヒッピーたちだった。ただし、こういった若者たちの中には音楽、絵画、漫画、グラフィック・デザイン、映像、アート、ファッションなどの世界を目指すアーティストの卵たちが、とても多かった。そういったヒッピー風の連中とともに、少し名前の知られだしたフォーク・シンガーや、プロを目指すロック・ミュージシャン、レコード会社の人たち、音楽誌の編集者、音楽ライターなどが、ムーヴィンに続々集まってきた。

ほぼ同時期にスタートした他のロック喫茶――渋谷のブラック・ホーク、吉祥寺のビバップ、赤毛とソバカス、四谷のディスク・チャート、ムーヴィンの隣にできたキーボードなどとムーヴィンが決定的に違ったのは、客の中に怪しげな連中がとにかく多かったことだ。よって「エントロピー増大の法則」にどういうわけかムーヴィンだけはちゃんと則っていて、ムーヴィンは時間の経過とともにどんどんグチャグチャになっていった。僕自身は、それでも平気だった。

70年～72年頃の東京のロック喫茶は、気難しい顔をして、実のところ金儲けのことしか考えていない店が多かったように思う。ジャズ喫茶のオヤジが「流行のロック喫茶でもやってみるか」と、そんな気持ちで始めた店が多く、ロックという音楽もロック・ファンの気持ちも、およそ理解していなかった。だから、ジャズの代わりにロックを大きな音で流しているだけで、客はまるでジャズを聴くようにしかつめらしい顔をしてロックを聴いていた。ジャズ喫茶の親父がロックに詳しい若い男の子を見つけてきて店を任せていたのだ。バイト君が店長を任されていたのだから、仏作って魂入れずで、何をか言わんやである。

当時きちんとしたポリシーを持ってロック喫茶をやっていたのは、スタイルはジャズ喫茶流儀だったが、ブラック・ホーク（店長は松平維秋さん）とディスク・チャート（長門芳郎さんが働いていた）だけだった。ロック喫茶というにはいささか上品な感じではあったが。

最初の頃のロック喫茶の多くは、猥雑感に満ちていた。当時の良い子たちは、ロック喫茶の雰囲気があまりにおどろおどろしいので、店内に入ることに二の足を踏んでいた。日本で最初のロック喫茶として記憶に留められるべきは、国分寺で部族が始めた法螺貝《ほらがい》と、次に新宿厚生年金会館近くにできたソウル・イート。これらの店に入るのには、かなりの勇気を要した。この僕ですら、当時はこの2軒のロック喫茶には恐ろしくて入れなかった。

しかしムーヴィンは違っていた。ムーヴィンはなんだかんだ言っても経営者が客と同じ目線の若造、つまり僕だから客の気持ちもよく分かったし、店自体なんでも自分の好きなようにできた。経営者としての才覚などなかったけれど、店長としては上出来だったと思う。常連客たちとは仲良く付き合ったし、常連客なのか従業員なのか、その境目がはっきりしない若者も店内に常時何人かいた。中津川フォークジャンボリーで評価を上げた友部正人や、大阪からはるばる演奏にやって来たフォーク・デュオ、ディランⅡらのライヴがよく行なわれた。高田渡やシバの弾き語りライヴも人気が高かった。

ナンシーとハンバーガー初体験

ムーヴィンの客の中に、デトロイトからやって来た20代半ばのナンシーというアメリカ人の若い女性がいた。彼女は一度来たら必ず閉店までいた。きっと、歩いて帰ることのできる距離のところに住んでいたのだと思う。だから、閉店時間になってもナンシーがまだ店にいれば、当時ムーヴィンの裏手にアパートを借りて住んでいた音楽評論家の田川律さんや、店を手伝ってくれている大学生のシャリ（丸山伊太朗くん）や、若月くん、ヒョコ坊、そして、ある日フラリとやって来て高円寺に住みついたダッチャといった店の親しい仲間たち（準スタッフ）と一緒に、中央線ガード下にある居酒屋・丸八で呑むことも少なくなかった。彼女は、見た目はギンギンのヒッピーという感じではなかったが、ジョン・シンクレアは知り合いだと言っていたので、デトロイトに住んでいたいわゆるニューレフトの一員であることは間違いない。大学では政治学を専攻していたようだが、ドロップアウトしてなぜか高円寺の住民になっていた。

1972年だったか、ナンシーに新宿・二幸の一階に新しく開店したマクドナルドに誘われた。僕のハンバーガー初体験だ。マクドナルドは71年に銀座三越の1階にオープンして話題になっていたので、一度食べてみたいと思っていた。アニメ『ポパイ』に出てくるウィンピーがいつも食べているハンバーガーは、僕には昔から謎の食べ物で、ハンバーグをパンで挟んだものらしいことは分かっていたが、ナンシーのおかげでやっと本物のハンバーガーにありつくことができた。僕はその不思議な食べ物をおいしいと思った。

ムーヴィンの常連客だったナンシーは、はちみつぱいのライヴにもやって来るようになった。ある日、渋谷の公園通りにあるジァン・ジァンでライヴがあったときに、ナンシーは米軍横須賀基地の若い米兵を3人引き連れてやって来た。ステージが終わると彼らは楽屋に顔を出して「すごく良かった!」と口々に捲《まく》し立てた。そして「コレ、オミヤゲね」と言って、三共胃腸薬の小瓶に20粒ほど入った薄紫色の錠剤をプレゼントしてくれた。その小瓶に入っていたのは当時パープルと呼ばれたLSDだった。これが縁で、横須賀に米兵が借りている海岸沿いの一軒家を、僕と鈴木慶一と本多信介の3人で訪れることになった。

この若い米兵3人は僕たちと同世代で、優しくていい奴らだったが、この年代のアメリカ人とは思えないほどおとなしいというか、若者らしからぬ暗さを漂わせていることがいささか気になった。彼らはベトナム戦争の帰還兵で、日本の米軍基地に1～2年いて、それからアメリカに帰ると言っていたが、彼らの暗い表情からは、ベトナムでの戦争体験が彼らの精神を蝕《むしば》んでいたと考えるほかなかった。

彼らの部屋にはそれぞれ自分のオーディオ・システムがセットしてあった。ひとりはウエストコースト・ロック、なかでもCCRのような泥臭いロックのファンで、もうひとりはカントリー系が好きで、イーグルスのファンだった。もうひとりはナンシーの恋人で、ロックも聴かないわけではないが、どちらかというとひとり静かに本を読んでいるようなタイプだった。オーディオ・システムはトリオやサンスイ、パイオニアといった日本製だったが、見たことがないモデルばかり。不思議に思ったが、その謎は翌日氷解した。

3人は土日の休みを利用して僕たちを招待してくれたのだが、日曜日の朝、「PXに行くから一緒に来ないか？」と誘われた。PX（Post Exchange）とは、基地内にある購買部のことだ。PXはとにかくなんでも売っている平屋建ての巨大スーパーみたいなところで、ビールを買うことがその日の彼らの目的だった。バドワイザーの小瓶が24本入った段ボール箱を全部で4〜5箱。これを車のトランクにギュウギュウ詰め込んだ。

連中がビールを買っている間に僕はPX内を見て回った。電化製品売り場に行くとオーディオ製品が山積みされている。それらはほぼすべて日本製で、アメリカ向けの輸出専用モデルだった。日本で売られているものとは仕様やデザインが異なっていて、しかも価格は激安だった。国内販売価格のおよそ半額程度で、こんなに安いんだったら僕も買って帰りたいと思ったほどだ。帰りに気が付いたが、楽器を売っているフロアに行けば、フェンダーやギブソンのようなアメリカ製の楽器も格安で売っていたかもしれないし、レコードを売っているコーナーも見てみるべきだった。

PXで買ったバドワイザーの値段は日本円にすれば1本50円くらいか。家に戻ると3人の若い米軍兵士は、このバドワイザーを水代わりのように延々と一日中飲み続けていた。僕たち3人にも「いくらでも飲め」と勧めてくれた。灼熱の太陽の下で飲むぬるいバドワイザーの味は悪くなかった。

ロック喫茶経営のかたわらバンド活動もスタート、といってもすぐにレコード会社との契約が決まったわけではない。僕個人はまだアマチュアに毛の生えたようなものだったが、それでも身辺が徐々に慌ただしくなっていった。

そんなある日、ナンシーがアメリカに帰ることになった。そのときにナンシーからプレゼントされたのが、シカゴのロック・バンド、MC5のLP『BACK IN THE USA』だ。ナンシーは「このバンドは反体制的で、ジョン・シンクレアがマネージャーをやっている素晴らしいグループよ」と言っていた。ジョン・シンクレアのことは、詩人でジャズ評論家、ベトナム戦争の反戦活動家、ホワイト・パンサーの首謀者として、つまりジャズ畑のアウトサイダーとして知っていた。そのことをナンシーに言うと、「彼がジャズの世界にいたのは確かよ。でもMC5のマネージャーでもあるの」と、語気強く僕に念を押した。

ムーヴィンで閉店後、ナンシーの送別会をやろうという話になり、僕とナンシーとムーヴィンのスタッフは丸八に移動して、焼き鳥と熱燗でナンシーとの別れを惜しんだ。丸八にいても、僕は、ジョン・シンクレアに関して、さらにシカゴの反体制運動に関して、お互いにかなり見解の相違があることをナンシーに伝えた。「ナンシーは、デトロイトの裕福な家庭に生まれて、何不自由なく育って、シカゴやデトロイトのジャズ界、黒人たちのジャズ・コミュニティを知らない。だから白人の青っちょろい学生たちの間で人気を高めていたハードロック・バンド、MC5にシンパシーを感じているんだよ」という、僕の乱暴な見解に彼女は激しく抗議した。

MC5とは、モーター・シティ・5、つまりデトロイトの5人組ということである。MC5のワイルドなライヴ・パフォーマンスと演奏スタイルが過激であることは、当時の日本にまで伝わっていた。そのきわめて政治的な歌詞に込められたメッセージは、詩人でジャズ評論家のマネージャー（ジョン・シンクレア）に負うところ大に違いない、というのが僕の見解。それに対して、ナンシーは、最後まで、強く「ノー、ノー」と頑固に言い続けた。苦労を知らない良家の子女と思われることが、彼女はとにかく嫌だったようだ。今にして思えば失礼しました、と言うほかないが、かつての小田実みたいに、育った都市、デトロイトをひとりで飛び出して、はるばる東京までやってきた勇気は、僕も、ムーヴィン村の住民たちも大いに認めていた。

前島邦昭の登場、ＢＹＧオープン！

個性的な人間がひしめくムーヴィンに、ある日ひとりの高校生が颯爽と登場した。前島邦昭という名前のこの男子高校生は、よく通る明快な声で話す、見るからに健康優良児という感じの好青年で、あだ名はヒネ。女子高校生の常連客なら、前に触れたマリ、ユリ、イクエの超個性派３人娘が燦然と輝く存在なのだが、それに比べて男子高校生は押し並べておとなしい子ばっかりで、元気な男の子はヒネだけだった。普通の人にはきわめて怪しい店に映っていたに違いないムーヴィンは、高校生が入るには勇気のいる店である。だから何事にもまったく物怖じしない高校生のヒネは、ムーヴィンではよく目立つ存在だった。ヒネは渋谷の桜ヶ丘にあった『ニューミュージック・マガジン』誌の編集部に出入りするフォーク好きな青年だった。フォーク好きといっても、ヒネの場合はかなり本格的で、見た目は山の手のお坊ちゃんだが、両国にあった「東京フォークキャンプ」というフォークロア集団の末席に控えて、ウディ・ガスリー、ピート・シーガーからボブ・ディランに連なるアメリカの正統派フォークに心酔していた。さらには東京フォークキャンプの先輩たちに混じってフォーク・コンサートの手伝いも積極的にする、ませた（＝ヒネた）高校生だった。

そのヒネが「今度これを『ニューミュージック・マガジン』から出します。お店に置いてください」と言って、『ミュージックレター』というタブロイド紙のような投稿誌のようなものを差し出した。天下のロック評論誌『ニューミュージック・マガジン』に出入りする高校生というだけでも感心させられたが、その高校生に新しい形態の刊行物を任せようという『ニューミュージック・マガジン』編集部（あるいは編集長の中村とうよう氏）の太っ腹にも感心した。

『ミュージックレター』は創刊準備号から3号だけ出して終わってしまったが、その後もヒネはムーヴィンによく顔を出した。１９７1年の春頃、ムーヴィンにやってきたヒネが「渋谷の百軒店にＢＹＧという画期的なライヴハウスがオープンします！」と興奮気味に、かつ少し誇らしげに宣言した。当時はまだロックを提供する本格的なライヴハウスは日本には一軒もなかったので、僕はそのＢＹＧにスウィンギン・ロンドンを象徴するマーキー・クラブのイメージを重ねてひとり興奮した。

「和田さん、こけら落としは山下洋輔トリオだったんですが、洋輔さんのピアノの弾き方が激しすぎて、なんと2曲目で新品のピアノのペダルを折っちゃったんですよ！」とか、ある日は「和田さん！　乱魔堂ってバンド知ってますか？　洪栄龍のギターがとにかく火を吹くように凄くて、レスリー・ウェストばりです！」。またある日は、「和田さん、昨日の出演は和田さんも大好きなはっぴいえんどだったんですが、その曲と演奏がもう素晴らしくて。これからのロックは絶対日本語ですね！」といった具合だ。

ヒネが口角泡をとばして喋りまくるのを聞いていると、ＢＹＧに行きたいという僕の気持ちは増すばかり。しかし、ムーヴィンは基本的に年中無休だったので、ＢＹＧに出かけるチャンスはなかなかやって来なかった。これまでもなにかと騒がしかったのだが、この頃から僕の周りはどういうわけか、にわかに騒々しくなって、連日てんやわんやとなっていく。

ＢＹＧのオープンとほぼ同時期に、岡林信康のレコーディングでアコースティック・ギターを弾く話が舞い込んできて、そこで鈴木慶一くんと出会う。そして８月に中津川フォークジャンボリーに出かけることになる。田川律さんと黒テントの佐藤信さんによって、ビートルズの『マジカル・ミステリー・ツアー』のような「少年少女漂流ツアー」が組まれ、ムーヴィンの仲間たちとともに中津川フォークジャンボリーに行く。そして、なんとか東京に戻って来てから、僕はやっとＢＹＧに出かけることができた。

ＢＹＧは地下１階、地上２階の重厚な石造りの（予想に反して）立派な建物で、１階は玄米食レストラン、２階はロックが大音量で流れる喫茶スペース、肝心のライヴ・スペースは地下にあった。広さは英国のマーキー・クラブ（行ったことはもちろんない）、あるいはキャヴァーン・クラブ（こちらもなかった）よりも、かなり狭いのではないかと思った。見ようによっては怪しい、まるでＳＭクラブみたいなところだったが、それはそれで悪くない。

ＢＹＧに行ったその日に、遠藤賢司の弾き語りライヴを聴いた。マイクに向かって囁きかけるような、繊細でどこか危うい遠藤賢司のパフォーマンスに、僕はたちどころに魅せられた。関西フォークのこってりとした、時にいささか押し付けがましい感の強いパフォーマンスとは明らかに一線を画する、きわめてデリケートな歌い方であり、デリカシーに富んだ表現だ。オリジナリティ溢れる曲調、歌詞も歌声も、そしてギターの腕前もすべてが素晴らしかった。

岡林信康を筆頭に、それまでほとんど関西フォークばかり聴いていた僕は、これこそが東京の、日本のフォークだと思った。はっぴいえんどは日本語のロックの先駆者だが、同時に「東京の山の手のロック」というお上品なイメージを振りまいていて、独特の洗練を感じさせた。そして、フォークの世界にもやっと東京らしい洗練を感じさせるシンガー・ソングライターが登場したと、そう思った。

ヒネの話では、ヒネと東京フォークキャンプの先輩である石塚幸一くんや、『ミュージックレター』の編集をしていた石浦信三くんたちが、BYGのライヴ・スペースのブッキングを任されているということだった。石塚幸一と石浦信三、前島邦昭はその後「風都市」の中心スタッフになる人物だ。さらに『ニューミュージック・マガジン』のライターでジャズにめっぽう詳しい浜野サトル氏や、ウッドストック・フェスティヴァルを実際に体験したという室矢憲治（通称ムロケン）氏なども関わっていると聞いて、僕はますますBYGに惹かれていった。BYGに強い興味を持ったのは、実は自分自身でいつかライヴハウスをやってみたいと思っていたからだ。僕はジャズの生演奏が聴ける新宿ピットインのロック版がやりたかった。ライヴハウス版ムーヴィンである。

第7章

ロック喫茶の店主からミュージシャンへ

1971

「ミュージシャンになりたい」と思ってしまった

しかしだ。冒頭で書いたように、中津川フォークジャンボリーで、はちみつぱいに出会ってしまった。中津川では初日の夜にグルーヴィーな演奏を披露したはっぴいえんどの演奏に感激して、その翌日には3人編成のはちみつぱいを聴いた。そこで「パチン！」と自分の頭に火が灯った。「これだ！」僕は確信した。自分が、長い間求めていたものは、「これだ」と。音楽を聴かせる場（ロック喫茶）を提供する側ではなく、演奏する側、つまりミュージシャンになりたいと突然、強く思ったのだ。なんとしてもミュージシャンになりたい。

ロック喫茶ムーヴィンの経営は楽しかった。苦労したことや問題にぶち当たったという記憶はほとんどなく、連日フワフワとして地に足がついていない感じはあったものの、なんとか無事に生きることができていた。なにか得体の知れない力に押し流されている感じが強かった。このまま何事もなく平穏無事に済むとはさすがに思ってはいなかったが、困った問題に悩まされることはなかった。ムーヴィンには連日お客が順調にやってきた。売り上げも大した金額ではなかったが順調と言えた。

喫茶店経営といっても、僕には経営のノウハウも理念もなかった。就職せずに生きてゆくには、これしかなかった。ただ来る日も来る日も店を開けてコーヒーを淹れ、ロックのレコードをかけているだけだったが、凄い連中や、凄くなりそうな若者たちがゾロゾロやってきた。だからムーヴィンに飽きてきたわけではなかったが、他方、心に沸々と湧き出した、ミュージシャンになりたいという気持ちは抑えられなくなるほど強くなっていった。

今にして思えば、楽器はろくに弾けない、譜面もほとんど読めない。人前での演奏経験はゼロ、レコーディング経験もなし。これでプロのミュージシャンになりたいなんて普通の人間なら考えないが、僕は思ってしまったのだ。

渋谷ヤマハに行って、中古のフェンダー・プレシジョン・ベースを買った。10万円もしたから、もうバンドに入れてもらうしかない。慶一くんの人の好さにつけ込んだわけではないが、こうして僕は半ば強引に、憧れのはちみつぱいのメンバーになった。

「あがた森魚」の名が脳裏に刻まれる

僕はこの年の初頭にヒネから1枚の奇妙なレコードをもらっていた。黒っぽい手作り風の(実際に手作りだった)そのレコードのジャケットは、どこからどう見ても暗く怪しく胡散《うさん》臭い雰囲気を漂わせていた。アルバムのタイトルは『蓄音盤』で、クレジットには、あがた森魚という名前とともに鈴木慶一、渡辺勝、小坂陽子、小野太郎といった名前があり、さらに細野晴臣という名前もあった。このとき、僕はまだ渡辺勝に出会っていなかったが、岡林信康の『見るまえに飛べ』にはピアノ奏者としてクレジットされていたので名前は知っていた。細野晴臣の名前ももちろん知っていた。あのはっぴいえんどの名ベーシストだ。さらに『蓄音盤』には、制作に前島邦昭と石塚幸一の名前があった。そう、ヒネはこのレコードの制作者のひとりだった。

『蓄音盤』を聴いたとき、正直僕は今後このレコードを聴くことはおそらく二度とないだろうと思った。あがた森魚の歌は限りなく暗く、頼りなく、そして悪く言うのでは決してないが、どこか聴いていて気恥ずかしい気持ちにさせられた。たとえるなら、隣室から何やら声が漏れ聞こえるので襖をそっと開けて覗いてみると、そこで見てはいけないものをふいに見てしまった。そんな気恥ずかしさだ。コミック雑誌『ガロ』に溢れていた、曰く言い難い怪しさやシュールさの音楽版と言えばいいだろうか。とにかくこの不気味なレコードによって、「あがた森魚」という名前は僕の脳裏に深く刻み込まれた。

その年の夏、中津川フォークジャンボリーで、僕はあがた森魚の歌を初めて生で聴くことになる。あがた森魚は「赤色エレジー」という曲を、まるで泣くように歌っていた。そしてあがた森魚のステージが終わると、あがた森魚が去ったステージに残ったバンドの3人が、ゆったりとした感じで、なんともエレガントな演奏を始めた。それがはちみつぱいというバンドの演奏する「こうもりの飛ぶ頃」というフォーキーかつサイケな曲だった。アコースティック・ギターから立ち昇るオーバートーンと、コーラスの倍音が浮遊感たっぷりに漂う、美しくも妖しいアシッド・フォークだ。ステージの真下の原っぱで、炎天下の下、僕は頭がクラクラしていたが、3人の演奏に強く惹かれて熱中して観ていた。繊細でデリケート、こんな雰囲気のあるデリカシー豊かな曲と演奏には初めてお目にかかった。日本にこういう音楽を演奏するバンドがいることが、信じられなかった。

カシブチ哲郎加入。はちみつぱいは6人編成に

秋になって、僕がはちみつぱいに入ると同時に、ドラマー探しが始まった。

『蓄音盤』を制作したヒネと、石塚幸一くん、そしてはっぴいえんどのマネージャーとなった石浦信三くん、この3人はBYGのライヴ・フロアのブッキングも担当していたので、BYGには当然ながらあがた森魚も出演していた。中津川フォークジャンボリーの前

からあがた森魚のバッキングをしていたはちみつぱいのオリジナル・メンバー、鈴木慶一、渡辺勝、本多信介、武川雅寛もBYGで演奏をしていたから、ドラマーのオーディションは、BYGで行なわれた。

はちみつぱいの顔ぶれは、加入したばかりの僕を入れた5人。マネージャー的な立場で、石塚くんもそこにいた。渡辺勝は立教大学の作詞作曲研究会「OPUS（オーパス）」に所属していたので、そこからドラマーを2人ほどオーディションに呼んできてくれたが、2人とも「うますぎる」という理由で不採用となった。思うにその2人はジャズ系のドラマーで、僕たちが必要としたリヴォン・ヘルムのような重心の低いシンプルなスタイルのプレイではなく、手数がかなり多かった。

そして2回目か3回目のオーディションで、カシブチ（櫺渕／かしぶち）哲郎が登場した。カシブチくんはBYGの地下室（ライヴ・フロア）に現れるなり、ガット・ギターを取り出して自作の曲を歌いだした。さらにピアノに向かってもう1曲披露したと思う。この一連の出来事にメンバー全員はいささかうろたえつつも、「そろそろドラムの演奏をお願いできますか?」。そうして始まったのが、まさにリヴォン・ヘルムのような、いやリンゴ・スターのような、シンプルで味のあるドラム演奏だった。このドラムを聴いた我々は全員「うん、いいじゃない!」。その後、晴れて6人編成となったはちみつぱいは、それから俄然練習に打ち込むようになった。

高円寺を去り、四谷3丁目でミュージシャンに

徐々にバンド活動が活発化してムーヴィンをスタッフに任せることが増えてきた僕は、ある日、店のスタッフ（であり常連客でもある）秋田出身のマー坊という可愛い女の子から、「四谷3丁目にいいアパートを見つけたんだけど、和田さんもそこに一緒に引っ越さない？」と誘われた。マー坊は毎日、颯爽とムーヴィンにやってきて、ウェイトレスをやり、コーヒーを淹れたり、レコードをかけたりと甲斐甲斐しく働いていた。僕はマー坊をムーヴィンの従業員に採用した覚えはなかったが、マー坊はスタッフのひとりとして、丸山くんたちと一緒に、毎日明るく元気にウェイトレスを務めていた。ムーヴィンにはもうひとり、北海道の礼文島という絶海の孤島からはるばる高円寺までやってきて、丸山くんや、若月くんたちが高円寺に共同で借りていたアパートに転がり込んだ安達清康、通称ダッチャという惚れ惚れとする健康的な美青年がいた。

ダッチャもマー坊と一緒で、自主的にウェイターを買って出て、熱心に働いていた。ダッチャもマー坊も、まったく汚れのない、まるでゴミ溜めに咲いた花のような美しい心と

姿の持ち主で、「どうしたら、こんなにも優しく美しい人間が出来上がるのだろう」と、当時、僕は心から不思議に思っていた。首を傾げるほど優しくて、常に前を向いて真っ直ぐ生きる清々しい若者たちだった。僕は今、心の底から、ダッチャとマー坊に会いたいと思う。

さて、マー坊の提案をどうしたものか。「一緒に引っ越さない？」と言われはしたが、でも、早とちりしてはいけない。一緒にとは言っても、要するに単なる同居だった。今で言うところのルーム・シェアである。「家賃を半分ずつ払いましょう、その方が安く上がるでしょ」「うん、わかった。それも悪くないな」。僕は、四谷3丁目に引っ越すことに同意した。乗りかかった船だ。ここで僕は、はたと考えた。四谷3丁目に引っ越すとなると、現在住んでいる高円寺のアパートは引き払わなくてはならない。そうなると、ムーヴィンには四谷3丁目から高円寺まで毎日電車で通わなくてはならない。それって、かなり面倒臭いなあ。悩んだ挙句、決心した。まだ正式にプロ・デビューしたわけではなかったけれど、僕はロック喫茶ムーヴィンの経営者から足を洗って、専業ミュージシャンになることにした。

そしてムーヴィンのスタッフ、丸山くん、若月くん、ダッチャ、マー坊たちに、「僕はムーヴィンをやめて、ミュージシャンになろうと思う。はちみつぱいの正式なメンバーになる」と宣言した。そして、あちこちに話をして、ムーヴィンの買い手を探し始めた。すると吉祥寺でジャズの研究会をやっている、とあるサークルの主催者で、ジャズのマニアにしてレコードのコレクターが、ムーヴィンを買ってもいい、と言ってくれた。ムーヴィンのスタッフの丸山くん、若月くんたちも、ムーヴィンを引き受けたいと言ってくれたのはすごく嬉しかった。結局、ムーヴィンの仲間は、JALの国際線のCAをしている若月くんのお姉さんに出資してもらい、ムーヴィンを内装とレコードごと、全部まとめて買い取ってくれた。こんな素晴らしいことがあるのか。丸山くん、若月くんには、いくら感謝しても感謝しきれない。本当にありがとう、みんな。

ついに僕は、プロのミュージシャンになるのだ。なんというか、気分は実に清々しい。中学生でビートルズの洗礼を受けてから、憧れ続けていたプロのミュージシャンになれる。いや、正式にはまだなっていない。コンサート会場で観客を前にして演奏し、拍手喝采を受ける。そしてスタジオで正式なレコーディングをする。それには、あともう少しだ。僕の身分、肩書は、一流企業に勤めているわけではない単なる高卒の青二才にすぎない。でも今の肩書はもう、プロのミュージシャンだ。胸を張ることができる。1～2年もすると、社会に向けて素晴らしい演奏を披露するプロのロック・バンドのベーシストだ。誰にも文句は言わせない、誰にも文句を言われない、音楽家という社会人だ。素晴らしい曲を演奏する素晴らしいロック・バンド、はちみつぱいのメンバーだ。もう僕はフリーターではない。ミュージシャン、でなかったら、バンドマンと呼んでくれ！

マー坊が四谷3丁目に見つけたアパートは、木造2階建てで、3LDKの間取りだったが、僕とマー坊の二人で住むには十分な広さだった。ムーヴィンを手放した以上、同時に生活費をどうしようか、という問題が生じたが、さてどうしたものかと頭を抱えていると、これについても不思議といい話が舞い込んできた。僕はツイている男だった。今度六本木に最新の設備を誇るディスコができるのだそうだ。そのディスコのオーナーが、オーディオと、ソウル・ミュージックに詳しい人間を探しているという話だった。仕事の内容はDJで、次から次へとレコードをかけ続けるのである。

六本木には当時、クレイジー・ホースというディスコがあったが、そのすぐ近くのCBSソニー・レコードが入っているビルの地下1階にできる、最新の音響設備を誇るディスコというふれ込みだった。ダンス・フロアには、広いフロアを円形にぐるりと取り囲む形で、アルテックのA7という、大型のプロ用で、主に映画館で使用される立派なスピーカー・システムが6基設置されていた。この6台の大型スピーカー・システムは、コンピューターで制御され、音の定位やL／Rの組み合わせが自在にできるようになっていた。サイケデリックな効果を狙って、音を360度ぐるぐる回したり、ランダムに音を出すことも簡単にできるようになっていた。レコード・プレーヤーやアンプ類も良いものが揃っていた。給料は1ヶ月、12万円くらいだったが、毎晩なかなか美味しい夕食が出たので、大いに助かった。

このディスコは数年後にあっさり閉店となったが、その後は、ライヴを聞かせるピットインというジャズクラブになった。すでに新宿にあったピットインの支店で、〝ロッピ〟と呼ばれるようになった。

あまり普通じゃなかったロック喫茶店主の頃の生活

ムーヴィン時代は本当にいろんな出来事が次から次に起こった。僕がムーヴィンの経営者だったのは、ジャズ喫茶時代とロック喫茶時代の両方を合わせても3年に満たない短い期間だったが、普通に生きていたらなかなか経験できない、普通とは言いがたいことが、特にロック喫茶になってからは頻繁に起きた。

今になってあの頃のことを思い返すと、自分の意思とは関係のないところで、抗えない時代の波に否応なく巻き込まれていった気がする。ロック喫茶になったムーヴィンには、連日いろんな人間が続々とやって来て、それはもう、すごく刺激的だった。北海道の山奥から出て来た世間知らずの若者が、何が何やらよく分からないままに、気がついたらロック喫茶の店主になってしまったのだ。

だから思う。人生に「もしも」はないのだが、もしも大学に受かっていたら、僕はたぶん模範的ではあるが大して面白味のない大学生になって、周りの友人たちとそれなりに歩調を合わせて楽しい日々を送っていただろう。でも幸か不幸か、いや幸いなことに、そうはならなかった。連日連夜、学生やいろんな職業の、あるいは無職の、普通の社会人と言うには個性的にすぎる人々が大挙してムーヴィンに押し寄せて来て僕は大忙しだったが、よくやっていたと思う。「大挙して」は大袈裟だけれど、僕としては日々、いろんな客がすごい勢いで押し寄せて来た印象があった。

とにかく一応、客商売である。どんなに異様な風体の客でも、僕は常に笑顔で「いらっしゃい」と応じた。「他者との関係性こそが人生を動かす」とはスペインの映画監督ペドロ・アルモドバルの言葉だが、これは「ひとりでポツンと生きていたんじゃ、人生は前に進まない」ということだ。僕はムーヴィンにやって来たいろんな他者と関わることで大きな流れに飲み込まれ、まったく抗う術なく、ドンドン思わぬ方向へ押し流されていった。多くの雑多な人間との間の関係性の中で、僕の甘ちゃん精神は鍛えられることになった。ムーヴィンにやって来る中には、できれば親しくならないほうがいい人間も少なくなかった。それでも知り合ってしまう。そして彼らとの間に何らかの関係性が「しっかり」と生じた。

その結果のひとつと言うべきか、僕は取り立ててまったく何の才能もなかったにも関わらず、積極果敢な売り込みが功を奏してロック・バンドの、しかも大好きなはちみつぱいというロック・バンドのベーシストになることができた。そして、ちゃんとしたレコード会社に所属して、立派なスタジオで本格的なレコーディングを経験する夢も叶い、「プロのミュージシャン」になることができた。

そもそもベースという楽器自体、僕はほとんど弾けなかった。面白そうだったら、できそうだったら、やりたいと思ったら、とにかくやってみる。大事なのは、自分自身がそれをやりたいのか、やりたくないのか、どっちなのか、ということだけだった。やりたいと思ったら迷わない。一歩踏み出す。そこに躊躇はない。

「案ずるより産むが易し」「当たって砕けろ」「明日は明日の風が吹く」——僕は生まれてこの方、ずっとこの調子でやってきた。やったことがないことでも、僕ならば、やればきっとうまくできる、やればできるに違いない。僕の人生は、常に根拠のない自信に支えられていた。「できない」「分からない」とは言えない性分だし、言いたくない。何事も、やればきっとやれる、やれるに違いない、と思っている僕に「できそうにない」はない。単に、無鉄砲なだけだったかもしれない。でもそんなことは気にしない。面白そうだったら、とにかく一歩前に踏み出す。僕のこの向こう見ずな性格は、たぶん父親譲りだ。

第8章

ぱいのライヴ活動、四谷から狭山アメリカ村へ

1971-1972

はちみつぱいは、バンド活動をするためにマネージャーを必要としたが、これは風都市という音楽事務所がほぼほぼ上手く仕切ってくれた。僕の日常は、にわかにプロのミュージシャンらしくなっていた。バンドは毎日のように来るライヴの出演依頼に備えて、とにかくリハーサルを重ねた。来る日も来る日も練習である。もともと腕達者な僕以外のメンバーは、リハーサルで同じ曲を何度も何度も演奏することに、きっと飽きてしまっていたのだろう。メンバーの渡辺勝に至っては、ある日、突然姿を見せなくなった。新曲はなかなかできないし、レコーディングもいつ始まるのか皆目わからない。ゴールの見えないレールの上を走っているのと変わらない毎日。変化と展開を求めていたのだと思う。

だが、変化の乏しい毎日に飽きていたのは、僕以外のメンバーであって、僕は違っていた。僕にとって、はちみつぱいのメンバーとして過ごす毎日は、刺激に満ちていた。僕には連日のライヴ出演や、やがて始まるであろう、はちみつぱいのデビュー・アルバムの録音に備えた練習がありがたかった。はちみつぱいのベーシストとして、なんとか他のメンバーと同じグルーヴでプレイできるようにならなければならなかった。そして徐々にプレイできるようになっていった。そう思っていたのは僕だけだったかもしれない。慶一くんや本多信介は、「頼りないベースだなぁ」と思っていただろう。

僕とほぼ同じタイミングではちみつぱいに加入したカシブチくんは、常に沈着冷静なドラマーだった。落ち着き払った安定の演奏で、曲のリズムのカンどころをしっかり押さえていた。僕のような、右も左も分からない初心者マークを付けたベーシストにとって、とても頼りがいのあるドラマーだった。カシブチくんのドラムさえちゃんと聴いていれば、テンポ・チェンジや、シンコペーションのタイミングがよく分かるのだ。こんなに痒いところに手の届くドラムを演奏するドラマーは、日本広しと言えどもカシブチくん以外にはいないと僕は思った。

はちみつぱいの共同生活？

はちみつぱいのメンバーとして来る日も来る日も練習していた僕は、充実したミュージシャンとしての生活に満足していた。連日のリハーサル、たまにあったBYGや渋谷ジァン・ジァンへのライヴ出演、そして大学の学園祭でのあがた森魚のバッキングもあった。演奏自体はなんてことなく簡単に終わった。終わってしまえば、そのあとは楽しい打ち上げが待っている。空腹を満たして、しこたま飲んだあとは、僕は電車かタクシーで、四谷3丁目のアパートに帰るだけだった。仕事の後の飲み会は、ライヴのないバンド練習だけの日も、連日律儀に行なわれた。飲み会が終わるのが遅くなると、鎌倉から来ている武川

（クジラ）くんと、羽田から来ている慶一くんは、終電に乗り遅れそうになった。そうなると二人とも、僕のアパートに、多くの場合、本多信介も混じって一緒に四谷3丁目まで来て泊まった。アパートに帰ったら帰ったで、また全員で飲み直すのである。レコードを聴きながら。これが毎日のように続いたのだから、はたから見れば、僕と慶一くんとクジラは共同生活をしていたと映っていたとしても不思議ではない。いや、ほとんど共同生活をしていたようなものである。実にのんびりした時代だった。

狭山・アメリカ村での生活

埼玉県所沢市の郊外、西武池袋線入間《いるま》市から稲荷山公園にかけては、かつて米軍のジョンソン基地だった。１９６３年になって飛行場一帯が航空自衛隊に移管されると、それまで下級米兵が住んでいた住宅（通称・米軍ハウス）が空き家となり、一般市民に貸し出されるようになった。

僕は72年4月にそこへ移り住んだ。それまで鈴木慶一やクジラと一緒に過ごした四谷のアパートを引き払い、なぜそんな遠くに引っ越すことにしたのか。ある日の深夜テレビを見ていたら、細野さんや小坂忠さんといった人たちが狭山（入間基地）の米軍ハウスを借りて優雅なカントリー・ライフを送っている様子が映し出されていた。都会の喧騒《けんそう》を離れ、音楽と日向ぼっこの毎日。そんなのんびりとした暮らしがじつにうらやましかった。

ベトナム戦争も安保闘争も収束に向かい、音楽シーンもサイケデリックからシンガー・ソングライターの時代へと緩やかに変化しつつあった。狭山はジミ・ヘンドリックスやジャニス・ジョプリンではなく、ジェイムズ・テイラーやジョニ・ミッチェル、ニール・ヤング、あるいはザ・バンドといった音楽がよく似合う、まるでウッドストックみたいな場所に思えた。実際、狭山のアメリカ村にはミュージシャンの他にもデザイナーやカメラマン、イラストレーターといった職業の人たちが多く住んでいて、ほとんど芸術家村のようだった。多くの人間が自由業で、都心を離れて移り住んだ彼らは、みんな都会で暮らしていた頃よりも優しくて穏やかで、幸せそうに見えた。

どうしてもそこに住みたいと思っていたところに、吉田美奈子が「ぼく（彼女は自分のことを「ぼく」と呼んでいた）、友達とアメリカ村に住もうと思っているけれど、家賃がちょっと高いから和田くんも一緒に住まない？」という話を持ちかけてきた。渡りに船とはこのことで、僕はもちろん美奈子の話に乗った。あの当時、事務所の風都市は、はっぴいえんどとあがた森魚、はちみつぱいやシュガー・ベイブ、吉田美奈子のマネジメントやライヴ・ブッキングも手がけていた。

1973年12月に青山タワー・ホールで、シュガー・ベイブのデビュー・コンサートがあり、吉田美奈子との縁は、そのコンサートにはちみつぱいが少年探偵団とともにゲスト出演したときからだろうか。このコンサートはシュガー・ベイブのマネージャーの長門芳郎さんが仕切っていたが、当日MCを担当したのは大貫妙子だった。この日に演奏されたはちみつぱいの「月夜のドライヴ」に急きょ大貫妙子はコーラスで参加してくれた。素晴らしかった。事務所が一緒だった縁で、はちみつぱいのライヴや録音時に吉田美奈子や、大貫妙子が参加してくれたことが何度かあって、はちみつぱいの面々と美奈子はわりと親しかったのである。

狭山のアメリカ村での暮らしは、今も忘れられない。人生の中で（たとえ数年でも）ああいう時間を過ごすと、毎日決まった時間に起きて、決まった時間に仕事をすることが難しくなってしまう。いささか不思議で、とても自由な空気がアメリカ村には充満していた。同じ時期に福生の米軍ハウスで暮らしていた村上龍は、その後『限りなく透明に近いブルー』で芥川賞を受賞した。狭山に限らず、当時の米軍ハウスにはアーティスティックなものが生まれやすい雰囲気が確かにあった。

吉田美奈子は当時ほとんど無名だったが、どこかの野外ステージで行なわれた金延幸子《かねのぶさちこ》との共演ライヴを見て「ローラ・ニーロとジョニ・ミッチェルが共演しているみたいだ！」と大感激したことがある。その美奈子と彼女の友人でギタリストの山崎くんと僕の３人で始まったアメリカ村での共同生活。美奈子がアメリカ村に移住した目的は僕と同じ。そこに細野さんがいるからだ。細野さんに自分のデビュー・アルバムをプロデュースしてほしいと、彼女は毎日曲を書き、歌とピアノの練習をしていた。どれも素晴らしい曲だった。何度か山崎君のギターと僕のベースを加えて、演奏してみたことがあった。しかし吉田美奈子の書く曲は素晴らしかったが、コードがかなり難しくて、さらに僕のベースが下手すぎて、彼女の足を引っ張ってばかりいた。

『HOSONO HOUSE』の録音を見学

ちょうどこの頃（１９７３年）に、細野さんは自身の最初のソロ・アルバムとなる画期的な作品集『HOSONO HOUSE』のレコーディングを敢行した。なぜ画期的だったのか。それは、本作が、スタジオを使って録音された作品ではなく、いわゆる宅録（自宅録音）作品だったからだ。現代で宅録と言うと、ＤＡＷ（デジタル・オーディオ・ワークステーション）を使ったデジタル録音が当たり前だが、『HOSONO HOUSE』が制作された当時は、まだアナログ録音時代の真っ只中。レコーディングのために、本作の録音エンジニアを担当した吉野金次さんが個人所有の録音機材を細野家に運び込んだ。

ミキシング・コンソール（シグマの16チャンネル、アナログ・コンソール！）が、リヴィングルームに収まると、それは驚くほど巨大だった。マルチトラック・レコーダーは、当時の最高級機であるアンペックスの16チャンネル・モデル、MM1100。このMM1100は、都内の録音スタジオでもあまりお目にかからない代物だった。モニター・スピーカーは、アルテック612Cだったと思う。どの部屋も録音機材でいっぱいだった。その量たるや凄まじいもので、ミキシング・コンソールが設置されたリヴィングルームの床には、たくさんのケーブル類が這い回っていた。

この頃僕は細野さんの家から歩いて5分ほどのハウスに住んでいたので、毎日のように見学に行っていた。まあ、スタジオを使ってレコーディングすればもちろんいいわけだが、細野さんは、自身のファースト・アルバムを、狭山のハウスを使って録音することを選んだ。細野さんが『HOSONO HOUSE』の録音に入る3年ほど前、ポール・マッカートニーの最初のソロ・アルバム『マッカートニー』が、アンペックスのマルチトラック・レコーダーを使ってポールの自宅で録音されたことで話題になっていた。『マッカートニー』よりも少し前に出たザ・バンドのセカンド・アルバム『ザ・バンド』は、サミー・デイヴィス・ジュニアの邸宅のリヴィングルームに録音機材を持ち込んで録音された作品だった。こういった話が細野さんの耳にも届いて、「よし、僕も自宅録音にする」ということになったのではないかと思う。

『ADD SOME MUSIC TO YOUR DAY』はどこから来たのか

細野さんの自宅録音アルバム『HOSONO HOUSE』はあの頃、真に画期的なアルバムだった。どの曲も丁寧に作り込まれていて、かつアルバム全体に漂うリラックスしたムードは、スタジオ録音からは決して生まれないであろう温かい雰囲気を漂わせていた。さらにもう一枚、これが宅録（自宅録音）なのか！　と、僕を大いに驚かせたアルバムが突然現れた。

ある日、はちみつぱいと掛け持ちで僕が参加していた少年探偵団というバンドのギタリスト、徳武弘文（徳ちゃん）が「ベラ（僕のことだ）、山下達郎という友人が自主制作したレコードがすごくいいんだ。ぜひ聴いてみるといいよ」と教えてくれた。渋谷のヤマハか長門芳郎さんが店長をやっている四谷のディスク・チャートで売っている、ということだったが、なかなか入手できずにいた。それからしばらくして、渋谷のヤマハに行ってやっと購入することができた。『ADD SOME MUSIC TO YOUR DAY』という、ビーチ・ボーイズの曲名からタイトルが付けられたレコードだった。今でこそ若き日の山下達郎の自主制作盤として知られているが、ジャケットにグループの名前は書かれていなかった。

そのレコードを抱えてムーヴィンに戻った僕は、さっそくターンテーブルに盤を乗せて針を落とし、出てきた音楽にビックリした。A面はビーチ・ボーイズのカヴァーが主体で、B面はドゥー・ワップやロックンロールのカヴァー。演奏力はまあまあといった感じだったが、ヴォーカルとコーラスは実に素晴らしかった。高校生が卒業を記念して自主制作したアルバムとはとても思えない出来栄えだった。ごく一般的なテレコを2台使って録音し、ヤマハの多目的ミキサーでミックスしているようだが、音も悪くなかった。

その後ムーヴィンに、はちみつぱいのメンバーの駒沢裕城《ひろき》くんが伊藤銀次くんを伴ってやって来た。僕はたまたま店を留守にしていて、仙台からはるばるムーヴィンにやって来た、ゆきこという女の子が臨時のレコード係をやってくれていた。ゆきこちゃんは顔が広く、駒沢くんや銀次くんとも知り合いだった。ゆきこちゃんは「このレコード、知ってる?」と、さりげなく『ADD SOME MUSIC ～』を再生した。このレコードを聴いて、二人も驚いた。ゆきこちゃんは、してやったりと思ったに違いない。

駒沢くんと銀次くんは、福生の米軍ハウスに居を構える大瀧詠一のところに出入りしていた頃だ。１９７３年の春の終わりか夏の初めだから、はっぴいえんどの解散コンサートよりも少し前で、ナイアガラ・レーベルもまだ始動していない。二人は福生へ行き、さっそく「大瀧師匠、凄いミュージシャンが現れました！」とムーヴィンで聴いたレコードの話をした。その後、大瀧詠一と山下達郎は出会うべくして出会い、山下達郎率いるシュガー・ベイブはナイアガラ・レーベルの第１弾アーティストとしてエレック・レコードからデビューすることになる。はちみつぱい（と少年探偵団）もシュガー・ベイブのファースト・コンサートにゲスト出演したり、郡山で開催されたワンステップ・フェスティヴァルで共演したりした。

正直なところ、僕はこの『ADD SOME MUSIC TO YOUR DAY』をめぐる当時のことを鮮明には憶えていない。自分で渋谷のヤマハへ行って買ったと思っているのだが、はちみつぱいのメンバーの本多信介によれば「俺がベラに貸した」ことになっている。信介と山下達郎は麻雀仲間で、信介がギターアンプを貸した謝礼として出来上がったレコードを１枚もらった。それを聴いて気に入った僕が、信介にレコードを借りて店でかけていたということだ。

それともうひとつ、ある時期まで僕は、駒沢くんと銀次くんにこのレコードを聴かせたのは自分だと思っていた。１９９４年に開催された「山下達郎シングス・シュガー・ベイブ」というコンサートのプログラムにも、僕は「時々店に来てくれていた伊藤銀次に『これ知ってる?』と言って聴かせたと思う」と書いている。が、実際二人に『ADD SOME MUSIC〜』を聴かせたのは僕ではなく、ゆきこちゃんであることを、僕は長門芳郎さんの本『パイドパイパー・デイズ　私的音楽回想録1972−1989』(リットーミュージック、2016年)で知った。

山下達郎が自主制作したレコードを大瀧詠一が気に入って、プロ・デビューに至る。そのきっかけをつくったのは、当時ムーヴィンで『ADD SOME MUSIC〜』をかけていた和田博巳だ、という伝説が流布しているが、真実はそうではなかった。たまたまムーヴィンを手伝っていたゆきこ嬢のお手柄だったのである。分かってしまえば、なんともあっけない話であるが。

和田博巳は誰だ?

「和田博巳は誰だ?」

突然ドカドカと楽屋に入ってきた眼光鋭い3人の男のうちのひとりが、はちみつぱいのメンバーに向かってそう言った。「なんだこのおっさんたちは。人を呼び捨てにして」と思ったが、男は内ポケットから警察手帳を取り出してチラリと見せ、押し殺した声で「我々は京都警察の者だ」。はちみつぱいのメンバーは全員「はあ?」という顔。僕はわけが分からないまま「和田はオレだけど」と応えた。

1973年初夏のある日、はちみつぱいのメンバーは渋谷の東急百貨店本店7階催物フロアに設けられた仮設ステージ裏の物置兼楽屋のようなところで、タバコを吸ったりコーヒーを飲んだりしていた。30分後には2回目のステージが始まる。なぜわざわざ京都からこんなところまで私服警官が3人もやって来たのか、わけが分からない。

わけが分からないという顔をした僕に向かって警官は、「昨日京都で大麻の不法所持で男を逮捕した。その男が、大麻はあなたから買ったと言っている」と言うのだ。差し出された写真を見ると、そいつはムーヴィンの常連で、みんなから〝カオ〟と呼ばれているヒッピーもどきのフーテンだった。万引きで食っているという男だ。だがカオが警察に言ったことは100%デタラメで、僕にはまったく身に覚えがなかった。カオが警察の尋問に対してとっさについた嘘に違いない。

だから「そんな男はまったく知らないし、だいたい大麻なんてこれまで売ったことも買ったことも一度もない」ときっぱり、と言いたいがいささか心もとない感じで答えた。もちろんカオのことはよく知っていたから僕は嘘をついていた。声は震えていたに違いないし、おそらく血の気もいくらか失せていたと思う。とはいえ、僕自身はまったく悪いことはしていないし、大麻を売っていないのだから恐れる必要などなかった。

京都で捕まったカオに関して、僕が警官に話すことは何もなかった。カオを知っていると言うと話がいろいろとややこしくなる。だからそのことは黙っていた。というわけで、警官にはすぐにでもお引き取り願いたかったが、そうは問屋が下ろさなかった。私服の警官は「指紋の押捺と顔の撮影をさせていただく」と、低くて丁寧だが問答無用という感じで言った。僕はもちろん同意しかねたが、ここで断って京都署まで任意同行なんてことになったらたまったものではない。それで帰ってくれるならと思い、渋々指紋の押捺と顔の撮影に同意した。

指紋押捺は右手の指5本だったか、左右の指10本だったか。それはまだいい。いや、よくないが、面白くないのは顔写真だ。写真は1枚だけでなく、正面と左右の横顔も含めて3枚撮られた。映画やテレビでよく見る、犯罪者の顔写真と同じだ。というわけで、僕はめでたく警察のブラックリストに載るはめになった。時間にすればわずか15分ほどの出来事だったが、一緒にいたはちみつぱいのメンバーやマネージャーの石塚くんはビビりまくっていた。ビビりまくりながら、遠巻きにこちらの様子を固唾《かたず》を呑んで見守っていた。やがて、3人の私服警官は成果なしにもかかわらず、さほど残念そうな素振りも見せずに、来た時と同じようにサッと引き揚げていった。

2回目のステージも無事終了してそろそろ夕刻。僕はメンバー全員で道玄坂の百軒店まで繰り出していつものように軽く飲むものとばかり思っていた。ところが鈴木慶一も本多信介もクジラもカシブチも、誰も彼もが「じゃあな、ベラマッチャ！」と言って、サーッと蜘蛛の子を散らすように去って行った。なんて薄情なやつらだと思ったが、それぐらいみんなビビっていたのだ。

ちなみに〝ベラマッチャ〟とは、当時フォー・ジョー・ハーフのベーシストだった後藤次利《つぐとし》が僕につけたあだ名である。狭山の細野宅で行なわれた細野さんと小坂忠さんの合同誕生パーティーの席で、酔った後藤次利が突然僕を指差して「ベラマッチャ！」と叫んだ。ベラマッチャとは、当時週刊誌に連載されていた赤塚不二夫の漫画『レッツラゴン』に登場する痩せた熊のことだが、赤塚不二夫ファンの細野さんはそれを聞いて大笑い。その日から僕は細野さんにベラマッチャと呼ばれるようになった。それからしばらくすると、はちみつぱいのメンバーや音楽事務所の風都市のスタッフも皆、僕のことをベラマッチャと呼ぶようになった。はちみつぱいとは別に僕が参加していたもうひとつのバンド、少年探偵団の山本コータローや若林純夫、徳武弘文、カシブチ哲郎、岡田徹らは、さらに縮めて僕のことを〝ベラ〟と呼んでいた。

それはともかく、僕も狭山のハウスまで西武線に乗って急いで帰った。車中では常に誰かの目が僕に向けられているような居心地の悪さを覚えたが、考えすぎだろう。とにかく尾行のないことを確認しつつ狭山のハウスに帰宅した。そして大急ぎで、たいしたモノではないが、警察に突っ込まれたらまずそうなモノを便器に流して、そこでようやく人心地ついた。突っ込まれたらまずそうなモノとは、別に大麻やハシシ、LSDといった物騒なものではなく、この頃はだいぶ下火になったとはいえ、まだ睡眠薬がけっこう幅を利かせていて、それが自分の家にも少し置いてあったのだ。60年代半ばになると、フーテンや金のないジャズ・ミュージシャン——もっとも、金のあるジャズ・ミュージシャンなんていなかったが——など、ともかく睡眠薬でラリっているやつらが新宿を中心にものすごくたくさんいた。

僕は1967年に上京して以来、新宿を中心にジャズ喫茶を徘徊していたので、当時の睡眠薬事情には詳しい。当時はハイミナール、ノルモレスト、オプタリドンといった睡眠薬がよく効く、つまりいい感じでラリることができると言われていて、フーテンや貧乏ミュージシャンには人気が高かった。いい感じと言っても、そう感じているのは本人だけで、はたから見れば足下はおぼつかないし、言語不明瞭だし、ヨダレを流しながら辺りをフラフラとうろつき回るので迷惑もはなはだしかったのだが。

そして睡眠薬すら買えない極貧フーテンたちは、アンパン（シンナーやボンド、トルエンをポリ袋に入れたもの）をスーハーやっていた。67年頃は新宿の二幸（のちの新宿アルタ）の右側にある住友銀行のシャッターの前や、新宿駅東口を地上に出たところにある芝生（通称グリーンハウス）に座り込んでアンパンをやっているフーテンがたくさんいた。つまり、極貧はアンパン（ボンド）、小銭のある奴は睡眠薬、もう少し金のある奴はジョイント（大麻）やハシシ、さらに金のある奴はパープルやオレンジ・サンシャインといったLSDをやっていたわけだ。

この当時こういったモノはその気になれば比較的簡単に手に入ったが、1970年に入るとLSDも麻薬指定を受けて入手が一挙に難しくなった。だから、もし京都の捜査官が狭山のハウスまで来て、そこで睡眠薬を見つけようものなら、髪を伸ばしたバンドマンである僕は、さらにどこかに大麻やハシシやLSDも隠し持っているのではないかと痛くもない腹を探られることになる。つまり家探しされる。それだけはもう絶対に勘弁願いたい。というわけで念のために家に置いてあった小瓶に入った錠剤を急いでトイレに流した、ということにしておきたい。

第9章

『センチメンタル通り』のレコーディング

1972-1973

あがた森魚のバック・バンドとして全国を回る

思えば幾年月、あれやこれやの紆余曲折はあったものの、僕はついにはちみつぱいのメンバーとして、ファースト・アルバムのレコーディングを迎えることになった。こうなることを、プロのミュージシャンとしてレコーディングすることを、中学生の頃からずっと、密かに夢見ていたのだが、その夢がついに実現するのである。少しくらいは自分を褒めてやりたいところだが、僕は特段の強い意志を持って、プロのミュージシャンを目指してベースの練習に励んでいたわけではない。偉そうに書いているが、正直なところ「練習しろよ、自分！」だった。練習しないことには、ベースの腕前はこれっぽっちも上達しない。上達する方がおかしい。本来であればどこかのミュージック・スクールにでも入って、ちゃんとベースという楽器を基礎から学び直さなければならないぐらいだった。

この頃、僕はまだ狭山にある元米軍ジョンソン基地のアメリカ村にいた。吉田美奈子や彼女の友人との共同生活は終わり、別の米軍ハウスの一軒で、ペダルスティール・ギターの駒沢くんと一緒に住んでいた。このハウスは、そもそも小坂忠とフォー・ジョー・ハーフの面々が共同で借りていた米軍ハウスだった。小坂忠とフォー・ジョー・ハーフが、ある日唐突に解散してしまい、駒沢くん以外のメンバーがこの家を出ていってしまって、結果的に、駒沢くんだけが残ってひとりで住んでいたのだ。誰も居ないがらんとした一軒家になったところに、僕が押しかけたのである。

自分のバンドの、初めてのレコーディングを翌日に控えて、僕は緊張していたかというと、別にそんなことはなかった。胸は高鳴るものの録音のあれこれを今さら考えても悩んでも、それでどうなるものではない。もう、出たとこ勝負である。こうなったら、今の自分にできることを精一杯やるしかない。それまでにもはちみつぱいは、渋谷BYGの地下室で、さらには西新宿のヤマハのリハーサル・スタジオで、充分なレコーディング・リハーサルを積んでいたから、緊張はまったくなかった。

しかし、不安は山のようにあった。果たして自分に、はちみつぱいのレコーディングでベースを弾くという重責が無事に務まるのか。いざ、録音がスタートしてテープが廻り始めても平常心で演奏ができるのか。緊張のあまり、プレイをミスするんじゃないか、そんな心配が心の中で真夏の入道雲のようにムクムクと頭をもたげた。これはいかん。悪いイメージを少しでも抱いてしまうと、肝心のところで現実化してしまいかねない。それだけは絶対に避けたい。演奏はパーフェクトでなくてはならない。僕は頭の中に浮かんだ負のイメージを、必死に振り払おうとした。俺ならできるはずだ、絶対にできる、できないわけはない。

はちみつぱいというバンドはそもそも、あがた森魚のバック・バンドとしてスタートした。キング・レコード／ベルウッド・レーベルの記念すべきリリース第1弾は、1972年4月25日、あがた森魚の「赤色エレジー」と、友部正人の「一本道」の2枚のシングル盤、そして六文銭の『キング・サーモンのいる島』というLPだった。そして、いきなり、あがた森魚の「赤色エレジー」が60万枚を超える特大ヒットを記録した。おかげでベルウッドは幸先の良いスタートを切り、はちみつぱいにとっても、まことに好都合と言えた。

もちろん僕にとってもである。プロのミュージシャンを夢見ていた僕は、あがた森魚とはちみつぱいに、金魚のフンみたいにくっ付いて、あっちへうろうろ、こっちへうろうろしているうちに、あれよあれよという間に、一丁前のミュージシャンになっていた。さすがに、一丁前は大風呂敷で、プロのミュージシャンとしての力量は、実のところまだ半人前以下だった。僕以外のメンバーはみんな素晴らしい演奏力の持ち主で、頼もしいかぎりだった。

キング／ベルウッド・レーベルに先んじて、日本にはこの頃すでに、大阪に本拠を置く日本のインディー・レーベルの先駆けであるＵＲＣ（アングラ・レコード・クラブ）という恐ろしい名前のレーベルがあったことは皆さんもご存知だろう。はちみつぱいのメンバーの渡辺勝は、大学生時代にこのURCで岡林信康、さらに斎藤哲夫のレコーディングでも、ピアノやオルガンを演奏していたのだった。それは当時の僕には、とてもすごいことだった。だってもう、プロフェッショナルなんだから。それに比べてこの僕ときたら、まだアマチュアに毛の生えた、いや、まだ毛も生えていない青っちょろいアマチュア・ミュージシャンにすぎなかった。

さて、あがた森魚のベルウッドからの第1弾シングル、「赤色エレジー」のバックで演奏していたはちみつぱい。僕みたいな素人っぽいメンバーがいるせいもあって、どこから見ても新人バンド然としていたはちみつぱいだが、「赤色エレジー」が大ヒットしたおかげで、ボブ・ディランのバックを務めたザ・バンドのように、あがた森魚のバック・バンドとして多くのコンサートに出演するようになった。バック・バンドをやるのは、本音を言うと嫌だった。はちみつぱいというバンドのメンバーとしてのみ演奏がしたかった。

あがた森魚とはちみつぱいは、この年の秋にはいろんな大学の学園祭にも出演するようになっていた。はちみつぱいは、あがた森魚にくっ付いて、南は鹿児島、北は北海道、西は長崎、鳥取、山口と日本各地に赴《おもむ》いて、コンサート・ツアーをこなすという突如として多忙なバンドとなった。各方面から出演依頼が舞い込んだ。したがって、つい昨日までミュージシャンとしてはずぶの素人同然だった僕も、生まれて初めて本物のフェンダーのエレクトリック・ベースを手に入れ、プロのミュージシャンとしてレコーディングを経験した。続いて、あがたくんの初のアルバム『乙女の儚夢《ろまん》』のレコーディングにも参加。この時はハラハラドキドキで、冷や汗をかきながら、なんとか全曲を、大過なく演奏することができた。果ては全国津々浦々を巡ってコンサート・ツアーまでこなすという、あり得ないようなことが、次々と我が身に起きた。

全国各地でのコンサートで、はちみつぱいは、あがた森魚のバック・バンドとしてだけでなく、前座としても演奏した。前座としてステージに上がって演奏する場合の演奏時間は、だいたい30分から40分程度である。はちみつぱいだけで演奏する前座のステージが終わると、そのあとおもむろにあがたくんがギターを抱えて押っ取り刀で登場する。あがたくんのバックではちみつぱいは、やはり30分から40分、あがた森魚の歌のバッキングをする。このようにして、東京のみならず、各地のイベントやコンサートで何度も何度も同じ曲を演奏するうちに、最初の頃は緊張してステージに上がっていた僕も、だんだん度胸がついてきた。僕みたいな者でもなんとか演奏ができたのは、幸いなことに、あがたくんの持ち曲は、どれもコードが3個くらいしかなく、リズムも、押しなべて3拍子か2拍子だからだ。これだったら、演奏そのものは簡単で、僕みたいな下手くそでも間違いようがない。このようにして、僕は徐々にステージ上でベースを弾くことに慣れていった。

そうこうするうちに、東京以外の都市でも徐々にはちみつぱいの名前が知られるようになっていった。遂には『ニューミュージック・マガジン』に、はちみつぱいの1日を追った、密着取材記事が掲載されるまでになった。こうなると、風都市のスタッフや、キング／ベルウッドからも、徐々にデビュー・アルバムの制作を期待する感じが、じわじわと伝わってくる。いよいよ機は熟してきたのだ。こうして、はちみつぱいは『センチメンタル通り』のレコーディングに突入してゆくことになった。

ついに、はちみつぱいのメンバーとしてレコーディング

デビュー・アルバム『センチメンタル通り』の音楽的な内容については、これまでもけっこう書かれている。しかし、レコーディングに至る状況、そして『センチメンタル通り』の録音の様子に関する話はあまり語られることがなかったように思う。僕個人は、録音（の良し悪し）がきわめて重要であると考えていた。あの時代（1970年代初頭）に日本のロックやフォークのアルバムで、録音の良し悪しが話題になることなんて、まるでなかった。

しかし、はちみつぱいが所属していた風都市の中心スタッフである、石浦信三氏（はっぴいえんどのマネージャーを担当）、石塚幸一氏（はちみつぱいとあがた森魚のマネージャーを兼任）は、はっぴいえんどのレコーディングが、より良いサウンドを求めて、いかに妥協なく緻密に行なわれているか、といった話を、折に触れて我々（はちみつぱいのメンバー）に熱く語ってくれていた。

たとえば、はっぴいえんどの『風街ろまん』のレコーディング時に、「ドラム担当の松本隆は（レコーディング・エンジニアの吉野金次さんとともに）、ドラムのチューニングとマイクのセッティングに1時間も2時間もかけているんだよ」といったことを教えてくれた。もしかしたら、はっぴいえんどというよりは吉野金次さんが、マイクのセッティングとドラムの音づくりに注力していたのかもしれない。吉野金次さんの丁寧で真摯な仕事ぶりを思うと、きっとそうに違いないと思う。はっぴいえんどの『風街ろまん』のレコーディングが、いかに妥協なく行なわれたかという話は、僕や鈴木慶一くんにとって、大きな刺激となった。それによって、レコーディングというものが俄然現実味を帯びてきたのだった。

はちみつぱいにとっての初めてのレコーディングで、どのくらい、どこまでこちらが意見を言ってもいいのか、正直見当もつかなかった。先行のはっぴいえんど『風街ろまん』

での録音の話は大いに参考になり、ならば、俺たちはちみつぱいも、遠慮なく、できるだけ良い録音条件をベルウッドに求めようと思った。100年後に聴いても驚くような良い音で録音したかった。僕は当時から本気でそう考えていた。

はっぴいえんどの『風街ろまん』のレコーディングは、目黒のモウリ・スタジオで行なわれている。僕が知るかぎり、モウリ・スタジオは、当時日本で最も設備の整ったレコーディング・スタジオのひとつだった。だから僕は、はちみつぱいのレコーディングも、できることならモウリ・スタジオで行ないたかった。心の底から良いと思える音でレコーディングしたかった。クリアーで、ワイドレンジで、細かい音がいっぱい聞こえて、空気感が濃密な、そんな音で録音できたらどんなに素晴らしいことだろう、と夢想した。

ここで、LP『センチメンタル通り』のジャケット裏に記されたレコーディング・データを見てみる。

Produced by 蜂蜜ぱい with 石塚幸一 For KING BELWOOD RECORDS
Directed by 天野近、三浦光紀
Engineer；佐賀次郎

Re-Mix Engineer ; 佐賀次郎
Recorded at ; ALFA STUDIO、HIT STUDIO
Photography ; 井出情児
Art Direction ; 石塚幸一、蜂蜜ぱい
Management ; WIND CORPRATION

録音とミックスを担当した佐賀次郎というエンジニアのことは、おそらくほとんどの人がご存じないだろう。もう時効だから言ってしまうが、佐賀次郎とは、実は当時ビクター・レコードに所属していた梅《うめ》津《つ》達《たつ》男《お》というエンジニアの変名である。ビクターの社員だったので、キング・レコードのアルバムに実名をクレジットすることは憚られたというわけだ。当時は梅津さんに限らず、多くのハウス・エンジニアたちが自身の腕とキャリアを磨くために変名でアルバイトをしていたという。

梅津さんは後年、日本ミキサー協会理事長という要職を担った人である。『センチメンタル通り』を録音した時は、ビクター・レコード青山スタジオ所属の若くて（当時24歳）優秀なエンジニアだった。

では、なぜ、はちみつぱいは梅津さんに『センチメンタル通り』の録音を依頼したのか。

1971年に、僕は音楽評論家の田川律さんに声をかけてもらって、岡林信康の3枚目のソロ・アルバム『俺らいちぬけた』（ビクター）のレコーディング・セッションに参加した。このセッションで、僕以外にもうひとりアコースティック・ギターを担当していたのが鈴木慶一くんだったことは先に書いた通りだ。これが縁で、その後、僕は押しかけ女房的にはちみつぱいのメンバーにしてもらうのだが、この『俺らいちぬけた』で録音を担当していたエンジニアが梅津達男さんだったのだ。梅津さんは前年の岡林信康のセカンド・アルバム『見る前に跳べ』の録音も担当していた。だから『見る前に跳べ』で岡林信康のバックを務めていたはっぴいえんどの面々も、当然ながら梅津さんのことはよく知っているはずである。

『見る前に跳べ』の録音の話はさて置いて、1971年の秋にドラムのカシブチくんとヴァイオリンのクジラくんの参加を得て、やっとバンドとしての陣容が整ったはちみつぱいは、翌72年にあがた森魚の『乙女の儚夢』の録音を終えたあと、山本コータローの『卒業記念』というアルバムのレコーディングに、はっぴいえんどや吉田美奈子とともに参加している。この時のレコーディング・エンジニアも梅津さんだった。

ぼくとカシブチくんはさらに、このあとに結成されたバンド、山本コータローと少年探偵団に、徳武弘文くん、岡田徹くんとともに参加し、山本コータローと少年探偵団のシングル盤「怪人二十面相の恋」のカップリング曲として1曲オリジナル曲を録音した。この曲のアレンジは僕が担当した。録音では、音づくりでやたら細かい注文を出して、梅津さんの手をいろいろと煩わせ、かなり迷惑をかけてしまった。それでも、梅津さんは嫌な顔をひとつもせずに、テキパキと、手際よく録音をこなしてくれた。ビクター青山スタジオには、当時4人ほどのレコーディング・エンジニアがいたが、若手のフォークやロック系の録音のほとんどを、当時最も若かった梅津さんが担当していたようである。

話をはちみつぱいのレコーディングに戻すと、あがた森魚の2枚組アルバム『乙女の儚夢』の録音を終えてしばらくしてから、はちみつぱいもそろそろシングルの1枚でも……という話がないわけではなかった。実際、当時の音楽雑誌（『新譜ジャーナル』だったか『ヤング・ギター』）に、〝はちみつぱいは、1972年7月5日にベルウッドからシングル「A面　煙草路地／B面　貧乏ダンス」を出す予定でしたが、8月25日に延期され、結局発売されませんでした。「煙草路地」は山本浩美作詞作曲のはちみつぱいの代表曲で、「貧乏ダンス」は鈴木慶一の新曲だったようです〟といった記事が載ったことがある。「貧乏ダンス」はのちの「酔いどれダンス・ミュージック」のことだろうか。なんにせよ、シングル盤録音の話は流れてしまったが、はちみつぱいのメンバーは、別に残念とも無念とも思わなかった。早い話が、シングルにはあまり興味がなく、とにかくかっこいいフル・アルバム（LP）が出したかったのである。

だが、その当時はちみつぱいの持ち曲は、たったの5曲しかなかった。少なくともあと5曲くらいは、はちみつぱいならではのクオリティを備えた曲を完成させる必要がある。

それにしても、レパートリーがたった5曲しかないと、コンサートでは何かと大変だ。主催者から「演奏時間は30分ほどでお願いしま〜す」と言われたら、「こうもりが飛ぶ頃」という、今で言うジャムバンドっぽい長尺曲を、グレイトフル・デッドっぽい感じで20分くらい演奏して、残りの4曲を普通のサイズで演奏すると、だいたいちょうどいい長さになる。もし1時間やってくれと頼まれたら、ステージ上でチューニングをゆっくりやって、時間を稼いでから、「こうもりが飛ぶ頃」を延々と演奏する。そして残りの4曲を普通にやってなんとか帳尻を合わせることになる。こんな感じでその場その場をしのいでいた。

というわけで1972年の秋頃になると、メンバーの渡辺勝が、いつまで経っても同じ曲ばかり演奏していることに飽きてしまい、さらに、いつまで経ってもアルバムのレコーディングに入れないことに愛想を尽かして、ある日突然「フッ」と消えてしまった。それとピッタリ合うタイミングで、小坂忠とフォー・ジョー・ハーフが解散した。そして、フォー・ジョー・ハーフのメンバーだったペダルスティール奏者の駒沢裕城くんが、はちみつぱいに加入してきた。これはしかし、不幸中の幸いというか、素晴らしい出来事だった。

駒沢裕城くんの幻想的なペダルスティール・ギターは、天上から降り注ぐ妙なる調べの如しでまことに素晴らしく、これによってはちみつぱいのフリー・インプロヴィゼーション（即興演奏）にますます磨きがかかった。ライヴで「こうもりが飛ぶ頃」を演奏することがじつに楽しくなったのだった。

それはともかく、レパートリーがアルバム1枚分に満たない、たった5曲というプロのバンドは、たぶん当時も今も世界中探してもそう多くはいないだろう。

というわけで1972年から1973年にかけては、ライヴやコンサートやあがた君のツアーの合間をぬって、BYGの地下で練習を重ね、曲作りに励むことになった。アレンジも練りに練った。さらに西新宿にあったヤマハのリハーサルスタジオで100時間以上を、曲作りやレコーディングリハーサルに費やした。その甲斐あって、73年の夏頃になると、なんとかアルバム1枚分の曲が揃った。ようやくバンドは具体的にレコーディングのことを考えるようになる。

ふつう新人バンドは、レコード会社のディレクターの指示に素直に従うものだ。しかし、ある事情があって、はちみつぱいは「録音はこうしたいので、なんとかよろしく願います」と、自分たちから言わなくてはならなかった。ある事情、それははちみつぱいのメンバーの数だ。7人もいる。よって演奏する楽器の数もおのずと多くなる。となるとどうしても、キングの第1スタジオにある、アンペックスの8トラック・テープレコーダーではトラック数が足りない。圧倒的に足りない。

そういうわけで、最先端の設備を誇るスタジオに常設されている16トラックのマルチトラック・レコーダーが必要となるのだが、あの当時16トラックのマルチトラック・レコーダーが置いてあるレコーディング・スタジオは、目黒のモウリ・スタジオと、青山ビクター・スタジオくらいだった。レコーディング・エンジニアも16トラック録音に慣れている人で、できれば吉野金次さん以外の人がいいと考えた。というのは、吉野金次さんは間違いなく当時日本最高のエンジニアだが、はっぴいえんどを録音して、すでに高い評価を得ている。ならば我々は、とビクター・スタジオの梅津達男さんに白羽の矢を立てた。なんでもかんでもはっぴいえんどと同じじゃねぇ……と思ったのだ。

ところで、はっぴいえんどの『風街ろまん』は吉野金次さんの録音で有名だが、じつは大瀧詠一のヴォーカル曲は吉野さんではなく、「近藤むさし」という人が録音している。この近藤むさしなる人物も、じつは梅津達男さんである。先ほど書いたように、ビクターのハウス・エンジニアがビクター以外のレーベルでの仕事をする場合、実名をクレジットすることはできない。そのため大瀧詠一が近藤勇と宮本武蔵を足して2で割った「近藤むさし」という名前を考案したのだった。吉野さんは1948年生まれで、梅津さんより1

歳だけ年上。二人はよきライバルだった。

それにしても、「レコーディングは、16トラックのマルチトラック・テープレコーダーを常設する、モウリ・スタジオのような最新の録音機材の整ったスタジオでやりたい、レコーディング・エンジニアも、はっぴいえんどみたいに外部の人間に依頼したい」という、およそ無名の新人バンドにあるまじき無礼かつわがままな願いを、ベルウッド・レーベル代表の三浦光紀さんは、すべて承諾してくれた。彼の度量の広さに深く感謝するほかない。というか、三浦さんは制作費のことなどまったく頭になかったようで、「ベルウッドのアーティストの演奏は、とにかくいい音で録音して残したかった」と、どこかの雑誌で語っておられた。じつに頭の下がる思いである。本当にハートのある優れたプロデューサーであり、レーベル代表だ。あの時代に三浦さんのような人と出会えた僕たちは、本当にラッキーだった。

スタジオは、なんとアルファのスタジオA

なにはともあれ、三浦さんの英断によって、録音にはアルファレコードの所有する田町のスタジオAという、最新鋭のスタジオを使えることになった。スタジオAは、赤い鳥の

「翼をください」の作曲者として有名な村井邦彦氏が、1969年にアルファミュージック（音楽出版社、レコード会社）を設立した流れの中で、優れた自社レコーディング・スタジオの必要性を強く感じ、勇躍、建設に着手したスタジオだ。

そして、スタジオAの録音課のリーダーとして、新たに迎え入れられたエンジニアが、ビクター・スタジオの第一線に立って、10年の録音の実績を持つ吉沢典夫という人物である。したがって、吉沢氏は、はちみつぱいの録音を担当してくれた梅津達男さんの、ビクター時代の大先輩に当たることになる。スタジオ・オーナーの村井邦彦氏が当時理想としたレーベルは、A&M、CTI、ホライズンなど。いずれのレーベルも、あの時代としては群を抜いた音の良さで、60年代から僕は、特にA&Mのサウンドに大いに注目し、憧れまくっていた。

これらのレーベルのクオリティと躍進を支えたのは、プロデューサーのトミー・リピューマ、レコーディング・エンジニアのアル・シュミット、アレンジャーのニック・デカロらである。この3人は、ほとんどチームとして機能していた。彼らが手がけたアーティストは、初期はカーペンターズの数多くの大ヒット・アルバムを筆頭に、ニック・デカロのソロ・アルバム、クリス・モンテス、クローディーヌ・ロンジェ、ロジャー・ニコルス&スモール・サークル・オブ・フレンズ、マイケル・フランクス、マック・レベナック（ドクター・ジョン)。さらにはマイルス・デイヴィス。ウィリー・ネルソンといった、メジャーのCBS/コロンビアのアーティストも手がけている。1977年にはジョージ・ベンソンの『ブリージン』で、グラミー賞で最も価値のある賞とされる「レコード・オブ・ザ・イヤー」に輝いている。トミー・リピューマ、アル・シュミットらは、近年もポール・マッカートニー『キス・オン・ザ・ボトム』(2012年)、ダイアナ・クラール『ターン・アップ・ザ・クワイエット』(2017年)を手がけてグラミーを受賞し、話題になったことは記憶に新しい。

そんな中で村井邦彦氏と吉沢氏は、60年代から70年代にかけてのポップスや歌謡曲界では誰も意識することがなかった、本当にクオリティの高いアルバムを制作することを目指した。アルファ・レコードを日本のA&Mにするべく、全力を傾けたのであった。二人はこの頃、アメリカの録音スタジオ事情を調査するために、A&Mレコードの本拠地、アメリカの西海岸(ロサンゼルス)を訪れている。録音の本場で、高品位なスタジオのために必要な優れた録音機材を調達することも視野に入れていた。

スタジオAにおけるはちみつぱいのレコーディングは、毎日夕方の6時からスタートというスケジュールが組まれていた。6時から録音が始まるので、はちみつぱいのメンバーは、だいたい5時頃を目指してアルファのスタジオAに集結する。僕は毎日はるばる狭山から、ベースが入った重いハードケースをぶら下げて、西武新宿線と山手線を乗り継ぎ、ふうふう言いながら田町まで電車に揺られて通ったのだった。それだけで僕は1日の体力を全部使い果たした気分になったが、あの時代のことだから仕方がない。楽器はみんな自分で運んでいた。

洗練された外観の比較的小さなアルファ・レコードのビルディングに辿り着くと、エレベーターでスタジオAのフロアまで昇っていく。スタジオAの入り口の重厚な防音ドアを初めて開けたとき、いきなり伸びやかで甘いイントネーションの女性の歌声が耳に飛び込んできた。モニター・ルームに入って分かったのだが、その歌声の主はユーミン（荒井由実）だった。そこで出ていた音量は、半端なく大きかった。女性歌手の歌声は可憐だったが、ドラムとベースの音のあまりのド迫力ぶりに僕はビックリ仰天。ドラムは林立夫、ベースは細野さんである。当時日本のポップス界で話題騒然だったキャラメル・ママの、鉄壁のリズム隊だ。こんなにでかい音でモニターしているんだ。この時点で僕の心臓はドックドックと早鐘を打ちはじめた。肝っ玉の小さい僕は、もう廻れ右して帰ろうかな、という気持ちに襲われた。いきなりこんなすごい音を聴いてしまって、突然ビンタを一発くらった気分だった。

モニター・ルームの景観は素晴らしかった。新設のスタジオのわりにはとても落ち着いた雰囲気で、ピカピカ光った印象は皆無。すでに10年くらい使い込まれたスタジオの佇まいで、居心地はすこぶる良かった。気持ちが落ち着いてきたところで、モニター・ルームの内部をじっくりと点検。最初に目に飛び込んできたのはJBLのエンジニア、トム・ヒドレーが設計した、当時最新にして最高級のウェストレイク3ウェイ大型モニター・スピーカーである。こんなにかっこいい大型モニター・スピーカー・システムは、それまで見たことがなかった。当時のモニター・スピーカーといえば、どこのスタジオもほぼすべてアルテックの612C（通称「銀箱」）が使われていた。他はせいぜいJBLの4320だ。ウェストレイクのモニター・スピーカーを見たのはまったく初めてで、音圧の凄さに正直僕は圧倒された。

スタジオAのマルチトラック・レコーダーは3Mの16トラック・レコーダーが設置されていた。アルファ・スタジオAは、当時としては間違いなく国内で最新・最高の設備を誇るスタジオのひとつだった。このスタジオからは、荒井由実やティン・パン・アレー、YMOによる幾多のヒット・アルバムが生み出されてゆくわけだが、最初にこのスタジオを使って録音したのは、荒井由実と、アルファレコード所属でもなんでもない、キング／ベルウッド所属のはちみつぱいだった。ユーミン（当時東芝EMIレコード所属）のレコーディングは昼頃から夕方の6時頃までというスケジュールが組まれていたようで、はちみつぱいの録音は、ユーミンのレコーディングが終わってから始まった。

梅津さんは、連日午前9時から5時までビクター・スタジオで仕事をしたあと、ほぼ2週間に渡って、田町のアルファ・スタジオに通い、6時頃から深夜遅くまで、はちみつぱいの録音とミックスを熱意をもってやってくれた。若かったとはいえ、その仕事ぶりは超人的と言わざるを得ない。今でも頭の下がる思いである。なお、スタジオAに加えて、渋谷のジァン・ジァンの地下にあった吉野金次さんのプライベート・スタジオ「ヒットスタジオ」もクレジットに併記されているのは、ヒットスタジオでもなにかのオーバー・ダビングか、テープ編集があったからだろうか。そのあたりの記憶は曖昧だ。

スタジオAでは、モニター・ブースと演奏ブースが厚いガラス窓で仕切られていた。このガラス窓を通して、演奏ブース内でミュージシャンのプレイする様子が見えた。キャラメル・ママの演奏ぶりは熱の入った感じがしつつ、じつにクールに見えて格好が良かった。ガラス窓の手前には、チーフ・エンジニアの吉沢さんが座る大型の重厚なコンソール（調整卓）がデン！と設置されていた。「なんだろう、このコンソールは?」。これまでいくつかのスタジオで見知っていたトライデントやAPIといったプロ用のコンソールとは、見た目がまったく違っていた。あとで知ったのだが、この時のコンソールは、村井邦彦氏と吉沢氏がアメリカに行った際に、現地でオーダーして作らせたカスタムメイドの「ブッシュネル」というコンソールだった。このコンソールを通ってウェストレイクのモニター・スピーカーから出てくる音は、鮮明かつシャープで、そのあまりに鮮烈な音に、僕は息を呑んだのだった。はちみつぱいは、たまたまユーミンとまったく同じ時期に録音していたわけだが、スタジオAでは他にも、五輪真弓、高倉健のアルバムなどが制作されたという。

とにもかくにも、はちみつぱい『センチメンタル通り』のレコーディングはこうして最良の環境でスタートした。さて、そこで演奏したこの僕はというと、本番ではやはり緊張してあがってしまい、ヒヤヒヤのレコーディング・セッションとなった。僕以外のメンバーは、皆最高の演奏を聞かせて、さすがだなと舌を巻いた。再び、僕は本当に良いバンドに入ったと思ったのだった。録音された音も見事だった。今聴き直しても、文句のつけようがない音で、梅津さんには心の底から感謝している。

素晴らしい音で録音ができました。ありがとうございます。

第10章

そして夢が終わった

1974-1975

1973年10月25日に、はちみつぱいのアルバム『センチメンタル通り』は、ベルウッド・レコードから無事発売された。もう天に昇らんと言うほど嬉しかったはずだが、なぜか嬉しいという気持ちにならなかった。達成感が僕にはまるでなかった。誇らしさもなく、逆に、目標を失ったような奇妙な淋しさに襲われた。ドッと襲われた。はちみつぱいのメンバーになり、レコーディングの夢も叶ったのだが、自分の演奏には納得がいかないし、なんだか虚しい気持ちになった。

季節はちょうど秋を迎えて、各大学では堰《せき》を切ったように一斉に学園祭が始まった。はちみつぱいは、学園祭にもかなりの回数出演した。立教大学に始まって、明治学院大学、横浜国大、法政大、明治大学、中央大学、神戸女子大などなど。神戸へは新幹線での移動だったが、なんと神戸女子大にはギターアンプやドラムセットが無いという。そりゃ無いよね、女子大学だもの。

そこで風都市が出した答えは「新幹線で運ぼう」だった。やれやれである。現代ならばアンプやドラムセットは事務所が持っている楽器車に積んで、ローディーかマネージャーが運転して現地に行くのだけれど、新幹線で運ぶなんて前代未聞だった。「冗談でしょ?」だったが、冗談ではなかった。フェンダー・ツイン・リヴァーブ(ギター・アンプ)、さらにカシブチくんのドラムセットも。僕はスネア、君はシンバルケースね、カシブチくんはスタンド類（重い！）ね、といった感じで、メンバーとマネージャー全員で手分けして運んだ。でも誰も文句を言わなかった。今となってはおよそ考えられないが事実だ。それほど仲の良いバンドだったし、信頼感で結ばれていた。

しかしながら音楽的な方向性は鈴木慶一くんに任せっきりだったので、船長の慶一くんの負担はどんどん増えていくばかりだった。それなのに、慶一くんのギャラは他のメンバーと同じ。曲を書きアレンジをして、ギターとピアノを弾き、バンドの舵取り、ほぼ全曲リード・ヴォーカルも慶一くん。彼は優しく、とても真面目だった。慶一くんの消耗はいかばかりだったろうと思う。

学園祭だけでなく、ライヴやコンサートの仕事は、どんどん増えつつあった。人気もけっこう高まっているという手応えがあった。このまま忙しさにかまけていていいのだろうか。このバンドはこれからどうなっていくのだろう。武川（クジラ）くんを筆頭に結婚するメンバーも出てきた。僕はヒッピーだから、暮らし向き（収入）や結婚にはまったく興味がなかったが、このバンドを続けていて、結婚してもちゃんと食べていけるのか、世間並みにやっていけるのかと、岡田くんやカシブチくんも、心配しはじめたように見えた。

そんなある日、ペダル・スティールの駒沢くんが、パッと消えてしまった。駒沢くんが仕事に現れない。前に渡辺勝がいきなり消えてしまったことがあったが、今度は駒沢くんだった。万事休す、行方不明である。スマホのない時代、いくら探しても行方は知れなかったが、しばらくして風の便りで屋久島にいるらしいとわかった。どうして突然蒸発したのか、理由は神のみぞ知るだった。

鉄壁の如き結束力を誇ったはちみつぱいだったが、気が付くとバンドの結束力も徐々に緩んできていて、亀裂が生じてしまったように感じた。そして、マネージャーの石塚君とともにバンドの今後の方向性について話し合いがあり、解散が決まってしまう。

1974年11月20日、代々木の山野ホール〈さきどりコンサート〉で、「さよなら、ロックンロール少年、ロックンロール少女」と慶一くんが解散宣言をしたあと、駒沢くんのいないはちみつぱいは、残りの仕事を消化するためにいくつかのライヴをこなした。そして1975年1月31日、あがた森魚のバックを務めた吉祥寺のライヴハウス曼荼羅《まんだら》での荒れたステージを最後に、僕と本多信介は、はちみつぱいを去った。もうこのメンバーと一緒に演奏することはない。

ああ、ぜーんぶ終わったと思った。僕の夢だったはちみつぱいが終わった。はちみつぱいの夢が終わった。永遠に続く夢はないが、さすがに堪《こた》えた。いい夢を見たなんて思うことはできない。明日からどうやって生きていこうか。何も見えないまま、わからないままに、紙クズのようにヨレヨレと、風に飛ばされて僕は東京を出て札幌に戻った。

札幌に戻ってから1年後、南三条通にごく普通の喫茶店、和田珈琲店を開店した。自家焙煎でコーヒーがメインの店なので、小さな音量で皆が聴いたことのないようなレコードをかけた。これがまた評判を呼び、店はとても受けた。僕は最初の結婚をして、落ち着くかと思ったのだが、そうはいかなかった。

解散から41年後の2016年、ビルボードライブ東京やフジロックで、はちみつぱいとしてステージで演奏する日が来るなんて、不思議としか言えなかった。慶一くんの才能と人徳、ムーンライダーズのマネージャー野田さんの尽力のおかげだ。今のこの僕が、1975年の意気消沈した僕にそれを知らせても、ふざけんな、と殴られただろう。終わったと思った夢が、突然に復活したのだ。

メンバーは皆ジジイ。でも、相変わらず音楽に生きていた。2013年に食道がんで亡くなったドラムのかしぶち哲郎くんの代わりに、彼の息子の橿渕太久磨くんがドラムを叩いた。ムーンライダーズのドラマー、夏秋文尚くんとのツイン・ドラムだ。はちみつぱいのこれらのライヴは、あの世からかしぶちくんが仕組んだとしか思えない。かしぶちくんの死がメンバーみんなを結びつけた。はちみつぱいがこの世に在ったということを確かめたくなった。皆が確かにはちみつぱいを生きたのだ。

2023年2月には音楽プロデューサー／作曲家としても活躍したキーボードの岡田徹くんが亡くなり、2024年6月にはギター／ピアノの渡辺勝が逝ってしまった。僕たちはもう、そんな年なのだ。唯一無二のパイを焼きあげる唯一無二の素材たちが、この世から消えていく。はちみつぱいの夢ではなくて、現象の本体が消えてゆく。

浮生夢の如し。夢のようにひとつの生が儚く消えてしまっても、その生を誰かが見て聞いて受け取っている。咲いても咲かなくてもその想いのエネルギーを受け取った誰かに、命も夢もつながっていくように思う。夢は終わっても、また見ることができる。個の生をも超えていく。何度でも引き継がれて現れるものだということが、ここまで生きてようやくわかった。

壊れたって、破れたって、また現れるから、その現れた夢を、また生きていけばいい。夢とは命の時空だ。僕には世界が音楽だった。

＊

風に吹かれて、僕は今、北鎌倉にいる。北鎌倉の駅からほど近い鮨屋「新とみ」に、月に何度か食べにいく。小津安二郎にも出前をしたという白衣の大将と、エプロンの気さくな女将さん、いつも丁寧でやさしい対応に感心してしまうホール担当の息子さんと3人での家族経営だ。老舗の鮨屋でありながら、昔ながらのラーメンも提供している。ラーメンは、戦後に米がなくて生まれた先代のメニューだ。この店を訪れる度にほっこりと嬉しくなる。テーブル席が4つだけの、まるで街のお蕎麦屋さんのような、小津の映画に出てきそうな、北鎌倉の大事なお鮨屋さんだ。45年ほど前に和田珈琲店に毎日のように通ってくれた編集者の岡本仁くんが、その後鎌倉に住んでいたときに、この「新とみ」に通っていたと聞いた。岡本くんは僕の（人生の）夢の中に時々出てきてくれる。どうも同じ匂いのするところに足が向くようだ。今はどこを歩いているのだろう。

僕もまたどこかへ飛んでいくだろう。そして、いつかこの世からもみんな離れていくだろう。でも、どこに行っても縁のある友に、きっとまた会えると信じているのだ。

あとがき

音楽に生かされてきた

2025

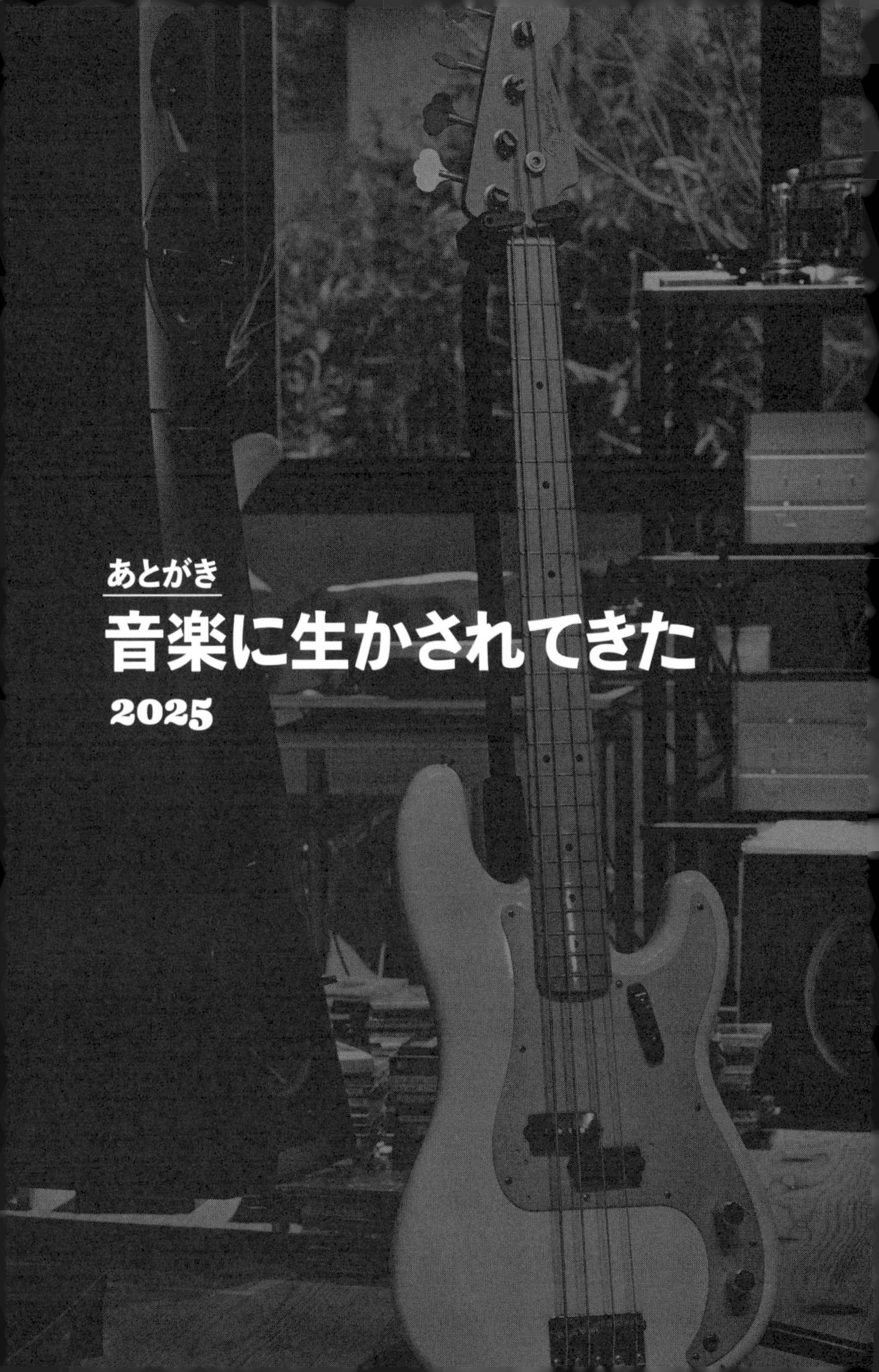

「他者との関係性こそが人生を動かす」――ペドロ・アルモドバル

僕は、どうも反省する能力に欠けているようで、まったく望んでもいない同じ間違いを繰り返して生きてきた。そのことを、「過去を一切振り返らず、前に進むのみ」なんていうような、一見ポジティブな体に無理やりにすり替えて、なんとかここまでやってきたのだが、過去を振り返らないはずの僕が、20歳前後の頃のことを書て本を出すなんて、本当に歳を取ったことが実感されて感慨深い。

1948年の生まれである。戦後のベビー・ブーマー世代のど真ん中だ。

高校のときに色覚異常と診断されて、理科系大学への道を閉ざされ、建築、工業デザイナーへの夢が挫折し、高校卒業後、大学受験に失敗。予備校生になるものの、文系の科目に興味が持てず、まったく勉強しないでジャズばかり聴いていた。ウッドストックの頃になると、それにフォークとロックが加わり、高円寺でロック喫茶ムーヴィンを始め、時代の大きなうねりに呑み込まれた。

色覚異常というのは、自分の見ている色を、そうじゃないと言われることだ。そうじゃないと言われたって、僕にはその色がそう見えてしまうのだからどうにもならない。それと同じように、反省する能力も、弱かったのか欠けていたのか、あるいは偏光していたのか。たぶん同じ間違いを繰り返していても、それが前と同じ類のものだとわからないのではないかと思う。僕は今まで、多くの人、特に母親から始まって女性たちを、学ぶことなく懲りずに怒らせてきたが、何を彼女らが怒っているのかが、その都度、皆目わからなかった。逆に僕の方も怒ることがあるのだが、それもどうやら伝わっていない。そうなってくると、生身で全面的に対峙する関係は厳しいものになってくる。だからだろう。僕はつくられたもの、フィクションが生理的に好きなのだ。あれ？　これって文系か？

映画や音楽は記録され再現される。再現されたものは、現実の時間から切り取られ、つくり込まれ、編集されたものだ。言ってみれば皆フェイクで、生ではない。腐らない。ある時のある形、それを見る見方、それらをどんなふうに解釈しても、基本的に怒られない。自由なのだ。際限なく開かれたもののようでいて、じつは社会や場の規則に縛られ、そう見なければならない、そう感じなければ常識的でないと非難される現実の世界とは違う。

とりわけ音楽の自由度は圧倒的だった。言葉になる前にまず音がある。こんなに浸りきっても許される世界はなかった。たぶん、それで僕はここまで来てしまったのだ。

いったいどこに行こうとしたのか、目標などあったのか、胸に手を当ててじっと考えてみるも、情けないことにまったく何も浮かばない。あっちにぶつかりこっちにぶつかりながら、「Blowin' in the Wind」とボブ・ディランが歌ったとおり、風に吹かれてきたのだ。

いつも、突風が僕をどこかに運んで、流れ着いた場所でやみくもに生きた。

前にも書いたように、「他者との関係性こそが人生を動かす」とは映画監督ペドロ・アルモドバルの言葉だ。ひとりでポツンと生きていたのでは、人生は前に進まない。目の前に現れたさまざまな他者と、なんらかの関係が確かに生じて、僕という人間が、無自覚なままに突き動かされていく。大きな流れに呑み込まれて、抗う術なくただ押し流され、騒乱の学生ゲバ隊の最前線に押し出されたこともある。

たったひとつ、音楽とだけはどんなときでも離れなかった。20代の「ムーヴィン」とはちみつぱい、30代の「和田珈琲店」と「バナナボート」、40代の音楽業界でのマネージャーやプロデュースの仕事、50代の「Tutti」、それから現在のオーディオに関わる仕事に至るまで、ずっと音楽を聴いて、ライヴ演奏をして、古希を前にしてフジロックにも出演した。二次元、三次元という空間の広がりでいえば、音楽という次元で息ができることを、僕は10代で知ったのだと思う。音楽とその仲間たちに救われて生かされた。色覚異常、上等だ。昔は取れた運転免許はとっくに取り上げられている（返納ではなく若い時分の飲酒運転で）。しかし、ガンにも、脳梗塞にも負けずに、ただ楽しい音の鳴るほうへ、76歳暴走老人は今日も向かっている。

２０２２年3月のコロナ禍の中での脳梗塞緊急手術、その後の入院で、心配をかけたり迷惑をかけたりした友人たち、家族、妻には、ただ「ありがとう」しかない。

この本の出版にあたり、昨年（2024年）6月にリリースしたURCレコード・コンピレーション企画第4弾CD『1970年頃、高円寺「ムーヴィン」で流れていたレコード』でお世話になったソニー・ミュージックエンタテインメントの椿洋也氏、音楽評論家の市瀬和紀氏、ステレオサウンド誌編集者の武田昭彦氏、そして、長い間忍耐強く僕を励ましてくれた編集者の伊藤隆剛氏、アルテスパブリッシング代表の鈴木茂氏には、お世話になりっぱなしで、心から感謝している。本当にお力添えをありがとうございました。皆様と一緒に仕事ができたことを幸せに思います。

2025年1月

和田博巳

●**写真クレジット**

p.2　撮影：巨勢勉、著者蔵（出典不明）
p.7（イントロダクション扉）　黒沢進編『資料日本ポピュラー史研究　初期フォーク・レーベル編』白夜書房、1986年、3ページ
p.19（第1章扉）・p.35（第2章扉）・p.53（第3章扉）・p89（第5章扉）・p.113（第6章扉）・p.145（第8章扉）　著者蔵
p.71（第4章扉）　高平哲郎編『新宿DIG DUG物語　中平穂積読本』東京キララ社、2004年、106ページ
p.131（第7章扉）・p.163（第9章扉）・p.185（第10章扉）　撮影：井出情児
p.193（あとがき扉）　撮影：土屋宏

本書の編集・制作にあたり、多くの方々からお力添えをいただきました。ここにお名前を記して感謝を捧げます。

安達清康（ダッチャ）、いとうたかお、大槻正志、小川真一、可児賢二、高護、巨勢勉、菅原豪、武田昭彦、長崎正稔、長門芳郎、中村保夫、沼倉康介、堀内隆志、牧村憲一、丸山伊太朗、三浦光紀、山本浩司、渡邉淳也、渡辺豊生、和田ひろみ（敬称略）

和田博巳　わだ・ひろみ

1948年、茨城県生まれ、山形県と北海道で育つ。

1965年、北海道立余市高校で初めてロック・バンドを結成する。

1967年、大学受験のため東京へ。新宿のジャズ喫茶「DIG」のレコード係に。

1969年、高円寺でジャズ喫茶「ムーヴィン」を開店。のちにロック喫茶に鞍替え。

1971年に第3回全日本フォークジャンボリーで見たバンド、はちみつぱいの演奏に感銘を受け、ベーシストとして加入。

1973年10月にキング／ベルウッドよりアルバム『センチメンタル通り』をリリース。

1974年6月にワーナーパイオニアからシングル「君と旅行鞄／酔いどれダンス・ミュージック」をリリースするが、バンドは11月に解散。

1976年に北海道へ戻り、札幌で「和田珈琲店」を開店（のちに店名を「バナナボート」に変えて新装開店）。

スパニッシュ・ムーン、クォーテーションズなどのバンドで音楽活動も続ける。

1985年に再び上京。細野晴臣のマネージャーを務め、はっぴいえんどの再結成プロジェクトやピチカート・ファイヴのデビューに関わる。

音楽プロデューサーとしても、あがた森魚、ザ・コレクターズ、オリジナル・ラヴ、高田渡、ヒックスヴィル、マンナなどを担当。

1998年に再び北海道へ戻り、札幌でバー「Tutti」を開店するとともに、オーディオ誌への執筆を本格化。

2003年の3度目の上京以降は、オーディオ評論家としての活動に軸足を置いている。

1988年に、断続的に活動を続けていたはちみつぱいの汐留PITでの再結成コンサートに参加したほか、数々の再発プロジェクトの監修を担当。

2016年にはフジロックフェスティバル2016への出演を果たす。

2017年、あがた森魚＆はちみつぱい名義のアルバム『べいびぃろん』をリリース。

2018年にBYGにて開催された「和田博巳“古希”70th Birthday Party」には、はちみつぱい、センチメンタル・シティ・ロマンス、葡萄畑、麻田浩らが出演。自身のヴォーカルでジーン・ピットニー「Louisiana Mama」を披露した。

著書に『ニアフィールドリスニングの快楽』（ステレオサウンド、2012）、『オーディオ大事典（成美堂出版、2010）がある。

楽《たの》しい音《おと》の鳴《な》るほうへ

はちみつぱい・和田博巳《わだひろみ》の青春放浪記《せいしゅんほうろうき》1967－1975

二〇二五年三月一〇日　初版第一刷発行

著者　和田博巳《わだひろみ》

発行者　鈴木 茂・木村 元

発行所　株式会社アルテスパブリッシング
〒一五五－〇〇三二
東京都世田谷区代沢五－一六－二三－三〇三
TEL 〇三－六八〇五－二八八六
FAX 〇三－三四一一－七九二七
info@artespublishing.com

企画・編集　伊藤隆剛

イラスト　伊藤敦志

装丁　折田 烈（餅屋デザイン）

印刷・製本　モリモト印刷株式会社

ISBN978-4-86559-306-8　C0073
Printed in Japan